JN436994

광화문의 굿판

광화문의 굿판

김상태 수필집

수필과비평사

작가의 말

여덟 번째 내는 수필집이다. 낼 때마다 마음에 들었다고는 말할 수 없지만 이번에는 그게 더 심했다. 그래서 출간에 앞서 상당히 망설였다. 원고를 다시 보니 도무지 마음에 들지 않았다. 지금까지 좋은 작품을 썼다고 생각하지는 않았지만, 이번에는 더욱 그런 생각이 들었다.

수필은 대체로 체험을 바탕으로 해서 쓴다고 하지만 거기에는 통찰력이 따라야 한다. 요즘 그것이 자꾸 무디어 가는 것을 느낀다. 게다가 체험의 소재도 거의 소진되어 가고 있다. 그나마의 감성도 희미한 불빛으로 변하고 있다. 내 글에 깊이를 가지기 위해서는 그 방면에 관한 책을 읽어야 하는데 그것마저도 점점 어렵게 되고 있다. 시력이 나빠지고 있기 때문이다. 최근에 와서는 30분 읽기도 힘들다. 그래서 군소리만 많이 늘어나는 모양이다.

출판을 망설이고 있을 때 나의 수필 제자인 임길실에게 내 마음을 털어놓았더니 그런 말이 어디 있느냐고 무조건 출판해야 한다고 주장하는 것이 아닌가. 수업하는 현장에 카메라를 들고 와서 몇 커트를 찍어가더니 나를 훌륭한 모습으로 재현해 놓았다. 임길실 때문에라도 출간하지 않으면 안 될 상황이었다.

다시 생각해 보니 보잘것없는 수필집일지언정 앞으로 더 낼 수 있을까 하는 생각이 든다. 작품을 쓸 수 있는 것만이라도 장한 것 아니냐고 스스로에게 용기를 준다.

지금껏 수강생들에게 자기 정화를 위해서라도 글을 쓰라고 권장해 왔다. 나 자신은 쓰지 않으면서 글을 쓰라고 재촉하면 거짓말을 하는 꼴이 되지 않는가. 마음에 들지 않는 글이지만 계속 써야 한다고 스스로에게 다짐한다.

나이 들면 감성이 줄어드는 대신 사물을 보는 깊이와 넓이가 더해질 수 있을 것이라고 믿었다. 하지만 감성이 줄어들면서 그에 따라 문장의 감각도 떨어진다는 것을 느낀다.

부족한 글일지언정 나는 계속 글을 쓸 것이다. 글을 쓰는 것은 내가 살아 있다는 몸짓과 같은 것이기 때문이다. 숨만 쉬고 있다고 살아 있는 것은 아니니까.

계속 글을 쓸 것이다.

스스로에게 다짐하는 말이다.

2017년 여름에

김상태

차례

3 저만치 가는 사랑

4 확신과 맹신

5 바람 속에 산 인생

6 혼자와 더불어

제1부

내 마음의 보석을 찾아서

2014년을 보내는 마음 · 글을 쓰는 재능
악필 서예의 마감 · 남지를 다녀와서
내 마음의 보석을 찾아서 · 말 말 말
매를 맞은 기억

2014년을 보내는 마음

섣달이 열아홉이라도 시원찮다는 말이 있다. 아무리 시간을 지체하면서 애를 써도 이룰 수 없다는 뜻이다. 올해도 덧없이 지나가려고 한다. 한 해를 보내는 마지막 달이 되면 괜히 아쉽고 안타까운 마음이 든다. 아끼고 아끼던 것이 어느새 손에서 스르르 빠져나가 빈손이 된 것처럼 허전해진다. 생각해 보면 처음부터 나는 아무것도 쥔 것이 없었다. 마치 곳간 가득 쌓아 둔 양식처럼 시간을 마냥 쓸 수 있을 것으로 생각했던 것이 잘못이다. 한 해는 어느덧 가고 빈 곳간만이 덩그렇게 남아 있는 꼴이다.

인류가 언제부터 지나가는 시간에 금을 긋기 시작했는지 모르겠다. 어제와 오늘이 다르고 오늘과 내일이 다른 것을 알겠지만 긴 세월로 보면 그날이 그날인 셈이다. 그런데 인간은 그 흘러가는 시간에 금을 긋기 시작한 것이다. 그래서 섣달이 되면 해가 바뀔 것을 알고 올해와 내년으로 구분을 짓는다. 그러나 흘러가는 시간에 금이 어디 있겠는가. 시간은 유유히 흘러갈 뿐이다. 이제 2014년이라고 표시한 그 달력을 영원히 폐기처분할 날이 다가오고 있다. 아쉬운 마음만 가득히 남겨둔 채 올해로 지칭되는 그 달력은 내 시야에서 영원히 사라질 것이다. 보이지 않는 세월은 저만치 가버리고 나는 발만 동동 굴리며 여기 서서 자신을 자책하고 있다.

생각해 보면 지난 한 해를 그와 함께 노닥거리며 지났다. 때로는 기뻐하며, 때로는 슬퍼하며, 화를 내기도 하고, 웃기도 하면서 마냥 함께 있을 것처럼 그와 다정하게 지냈다. 하지만 그는 이미 떠나기로 약정을 해 두고 있었던 듯하다. 딱 한 해 동안만 나와 그렇게 놀아주기로 한 모양이다. 약속한 시간이 되었다고 이제 나를 떠나려 한다. 내가 아무리 애원해 보아도 녀석은 고개를 설레설레 흔들고 있다. 그는 얼마 있지 않아 어김없이 나를 떠나갈 것이다.

요즈음은 매일 아침 집 근처의 산책로를 걷는 것이 내 일과의 시작이다. 십여 년 동안을 이 동네에 살았지만 이 길을 걷기 시작한 것은 최근이라고 할 수 있다. 아침에 눈을 뜨면 테니스 코트에 가기 바빴다. 걸어서 가면 될 것을 꼭 차를 타고 갔다. 걷는 시간이 아까웠기 때문이다. 테니스 코트에 들어서면 계절이 어떻게 바뀌어 가는지도 몰랐다. 땀을 뻘뻘 흘리며 테니스 친구들과 세상을 잊고 거기에 몰두한다.

그런데 이 길을 걷고부터 사계가 바뀌어 가는 모습을 내 몸으로 느끼게 되었다. 새봄이 되면 파릇파릇 새순이 돋아나고, 이름 모를 꽃들이 길 옆으로 소곤거리며 피어난다. 어느새 길 옆으로 늘어선 나무들이 온 천지를 신록으로 치장하기 시작한다. 그러다가 가을, 그렇다. 잎새들이 울긋불긋 제 몸을 치장하는가 싶더니 잎을 떨어뜨리기 시작한다. 이제 가을도 지나가 버리는가 보다. 나무들도 그나마 달고 있던 잎을 떨어뜨리고 빈 몸을 추스르고 있다. 계절이 바뀌어 가는 모습을 내 눈으로, 아니 내 온몸으로 느끼면서 자연의 조화에 감탄하고 있다. 계절마다 품어내는 그들의 수향을, 아니 그들의 몸짓을, 그들의 호흡을 내 온몸으로 느끼면서 감탄하고 있다.

이제 겨울의 문턱에 들어서면서 나무들이 잎을 떨어뜨리고 있다. 나름대로 최선을 다해서 고운 색깔로 온몸을 치장해서 우리들에게 작별 인사를 하고 있는 셈이다. 내년 봄 다시 만날 때까지 잘 있으라고 손을 흔들며 인사를 하고 있다. 나름대로 고운 모습을 보이면서 아쉬운 표정을 지으며 인사하고 있다. 몇몇은 이미 땅에 떨어져 행인들의 발에 밟히고 있다. 아침마다 그 길을 쓸고 있는 사람이 있다. 쓸어내기가 귀찮다고 불평을 하고 있는가. 떨어지려면 단번에 떨어지든지, 아니면 아예 떨어지지 말든지, 이렇게 매일 아침 수북이 쌓아놓으면 나는 어떻게 하느냐고. 하지만 가만히 그 사람 옆에 가까이 가서 들어보니, 전혀 그런 불평이 아니다. 그 길을 걷는 우리들을 즐겁게 하기 위해서란다. 말끔히 쓸어내 그 길을 걸으면 얼마나 기분이 좋을까 하고 그렇게 중얼거리고 있는 것이다. 한때는 싱그러운 신록을 뽐냈던 시절이 있었다. 하지만 지금은 축축한 땅위에 누워서 그 찬란한 시절을 회상하고 있는 네가 안타까운 거야.

나무는 사실 제 몸을 살리기 위하여 잎을 떨어뜨린다. 추운 겨울을 견디기 위해서는 잎을 떨어뜨리고 인동(忍冬)하는 차비를 하는 것이다. 나목이 되어 있는 모습이 보기에는 안쓰럽지만 추운 겨울을 견디는 방법은 그것밖에 없다. 봄여름 동안 그 무성한 잎으로 우리들에게 안식을 주고 기쁨을 주었지만, 이제 내년을 위하여 잎을 다 떨어뜨리고 엄동을 준비하고 있다. 수목은 이렇게 순환하는 자연에 말없이 순응하고 있는 것이다.

2014년도 얼마 남지 않았다. 흘러가는 세월에 금을 그어 2014년이라고 규정한 그 시간을 영원히 떠나보내는 것이다. 아쉽다. 마치지 못한 일이 산적해 있는데 그는 나를 떠나가려 하는 것이다. 어쩌랴 그렇지만. 세월에 순응할 수밖에 없는 것을.

해야 할 일은 내가 하지 아니해도 누군가 할 것이다. 하지만 내가 받은 사랑은 내가 갚지 않으면 안 된다. 무슨 수로 그 많은 사랑을 갚을 수 있을까. 갚지는 못해도 마음으로 되새겨는 보아야겠다. 이 한 해가 다 가기 전에 내가 받았던 그 사랑을 마음속으로 곰곰이 챙겨는 보아야겠다. 내 가슴에 품고 있는 이 따스한 정으로 갚아야 하는데 표현할 방법이 없다. 정은 보이지 않기 때문이다. 나의 굼뜬 행동은 이 해가 다 갈 때까지 그 가슴으로 전해오는 그 정을 표현할 수 있을지 의문이다. 내게 준 따뜻한 정을 속삭이는 작은 소리로, 아니 산이 울리도록 큰 소리로 이제 마지막을 고하려는 2014년이라는 시간 위에 이렇게 소리쳐 본다.

사랑합니다. 사랑합니다. 사랑합니다.

글을 쓰는 재능

일본의 인기 작가 무라카미 하루키(村上春樹)가 그의 웹사이트에서 한 말이 묘하게도 마음에서 떠나지 않는다. 여자 대학원생이 한 질문에 대답한 말이다. 질문자는 이런저런 이유로 글을 쓰지 않으면 안 되는 사정이라 매번 낑낑대고 있지만 좋은 글을 쓸 수 없다는 것이다. "어떻게, 글을 좀 더 쉽게 쓰는 방법이 없을까요?"라는 질문이다. 이에 대한 하루키의 대답은 간단했다. "글을 쓴다는 것은 여자를 말로 꼬시는 것과 같아서 어느 정도까지는 연습으로 잘되지만 기본적으로 재능을 가지고 태어나야 합니다."라고 대답했다.

말로 여자를 잘 꼬시는 것과 글을 잘 쓰는 것을 동일시하는 것도 재미있는 발상이지만 글 쓰는 것을 이렇게 거침없이 단언하는 것도 하루키다운 표현이라는 생각이 든다. 어떤 점에서 그러한지는 더 설명이 없으니 모르겠다. 일맥상통하는 바가 분명히 있다.

나의 글을 돌아보면서 그 말을 수긍하지 않을 수 없다. 젊었던 시절 한때 시인이 되겠다는 꿈도 가졌고, 소설가가 되겠다는 꿈, 극작가가 되겠다는 꿈, 영화감독이 되겠다는 꿈, 참 많은 것을 하고 싶은 꿈을 가진 적이 있지만, 결국 다 포기하고 평범한 국문학 교수가 된 것이다. 타고난 재능이 없는 줄 알고 일찌감치 포기한 것이 천만다행한 일이다. "여자를 말로 꼬시는 재주"를 가지고 있지 않다는 것은 진작 깨달았지만 글재주와 연관되어 있는 것은 미처 깨닫지 못했다. 하긴 글재주가 있는지 없는지는 모르지만 여자를 꼬시는 재주를 가진 사람들은 더러 보았다. 내가 가지고 있지 못하니까 그런 사람이 항상 부러웠다.

신수사법(新修辭法)에서는 글을 쓰는 언술을 네 가지 타입으로 구분한다. 사물을 이해시키는 '설명(說明)', 나의 주장을 받아들이도록 하는 '논증(論證)', 있는 그대로 보이도록 하는 '묘사(描寫)', 일어나는 일을 시간에 따라 이야기하는 '서사(敍事)'로 구분한다. 논증은 다시 두 가지로 나누어진다. 받아들이도록 하는 기법이 논리에 근거하는 것과 감정에 근거하는 것이 다르다. 앞의 것을 그야말로 논증(argument)이라고 말하지만 뒤의 것은 설득(persuasion)이라고 한다. 논리적으로 아무리 옳다고 하더라도 감정적으로는 따를 수 없는 경우가 허다하다. 여자를 말로 꼬실 수 있는 재능을 가진 사람은 바로 이 설득의 언술에 탁월한 사람이다.

여자를 꼬시는 데 있어서 잘생긴 외모가 무엇보다 중요하다. 그러나 그 자질만으로 여자를 꼬실 수는 없다. 설득의 능력을 갖지 못한 사람은 말을 시작하는 그 순간부터 매력을 잃기 시작한다. 외모가 비록 썩 훌륭하지 않아도 말을 건네는 그 순간부터 매력을 발산하기 시작하는 경우가 있다. 흔히 말솜씨가 뛰어난 사람이라고 하지만 여자에게 발휘하는 능력은 다르다. 하루키가 말하는 재능이 바로 그런 것이다.

군에 있을 때 내 나이와 비슷한 중사와 같은 방에서 하숙을 한 적이 있었다. 초급장교 시절이었다. 이 친구야말로 여자를 꼬시는데 도가 튼 녀석이었다. 사실인지는 모르지만 꼬신 여자 친구가 제 말로 수십 명이라고 했다. 과연 그랬을까 의심이 들기도 했지만, 두 손으로 셀 수 없었던 것만은 틀림없었다. 출중한 외모를 지닌 사내라고는 말하기 어려웠다. 그런데도 그 많은 여인들을 꼬실 수 있었던 것은 그 방면에 탁월한 재능이 있었던 것이 틀림없다. 물론 사귀는 기간이 길지는 않았다. 그러나 다른 여인들과 사귀었다는 것을 알면서도 그와 사귀고 있는 것을 보면 그 말솜씨가 탁월했던 것만은 틀림없었다고 짐작된다.

말솜씨와 글솜씨는 분명히 다르다. 말은 썩 잘하는 데 글은 별로인 사람이 있는가 하면, 글솜씨는 탁월한데 말은 눌변인 사람도 있다. 둘을 함께 갖고 있는 사람보다 둘 중 하나만 갖고 있는 사람이 더 많다. 하루키가 말하고자 하는 바로는 말로 여자를 꼬시는 재능을 가진 사람이 바로 글을 잘 쓸 수 있다는 뜻이 아니다. 글을 잘 쓰는 재능은 타고난다는 뜻이다. 글만 그런 것이 아니라, 모든 예술이 그렇다는 말이다. 어느 대중음악가가 이렇게 말했다고 한다. 좋은 가수가 되는 것은 흔히 우리가 알고 있는 것과는 달리 90 퍼센트의 재능과 10 퍼센트의 노력으로 이루어진다는 것이다.

그런데도 나는 평생교육원에서 수필 쓰는 것을 가르치고 있다. 자기 속에 숨어있는 원석 같은 재능을 찾자는 모토를 내세우면서 말이다. 얼마쯤은 맞는 말이다. 글 쓰는 재능을 한 번도 발휘하지 못한 채 산다는 것은 억울한 일이다. 나의 교실에서 대단한 작가가 배출될 것이라는 기대를 나는 하지 않는다. 우선 선생부터 그렇지 않는데 어떻게 그런 기대를 할 수 있겠는가. 수강생들 대부분이 큰 작가가 되겠다는 기대를 갖고 오는 것 같지는 않다. 사람 일은 알 수 없으니까 나도 눈이 휘둥그레질 작가 나올지는 모를 일이지만, 그런 기대로 나의 '수필반'을 운영하고 있는 것은 아니다. 바른 글을 쓰기 위해서라고 강조한다. 그리고 글을 쓰기 위하여 만나는 것이 즐겁기 때문이다. 수강생들도 내 취지를 이해하고 같이 즐거워하고 있다.

민주주의란 대중화시대와 맞물려 있다. "모든 권력은 국민으로부터 나온다."라는 말은 지금은 상식이지만 조선조 같았으면 멸문지화(滅門之禍)를 당할 역적에 해당한다. 세상은 대중이 원하는 대로 되어 간다. 그런 원칙이 쉽게 시행되리라고는 생각하지 않는다. 그러나 종국에는 그런 방향으로 가고 있을 것이다. 따라서 문학도, 아니 모든 예술이 대중이 선호하는 방향으로 되어간다. 물론 가끔 천재들이 출현해서 기수처럼 깃대를 펄럭이며 대중들이 가야 할 길을 가리켜 주기도 한다. 천재가 아닌 대중들은 보다 나은 예술을 위해서 천재의 작품을 이해해야 하고 사랑해야 할 것이다. 진정으로 이해하고 사랑하자면 스스로 그 예술을 해 보아야 한다.

내가 '생활수필'이라고 이름을 붙여서 설강한 취지도 바로 그런 이유에서였다. 본격적인 문예수필이 아니라, 생활하면서 보고 느낀 것을 충실히 기록하는 것을 기본으로 하는 수필 말이다. 내 의도를 짐작이나 한 듯이 수강생들도 문예에 탁월한 재능을 가진 사람들이 수강하는 것이 아니라, 글쓰기에 약간 취미가 있는 사람들, 글쓰기를 그냥 좋아하는 사람들, 글쓰기에 즐거움을 느끼는 사람들이 모인 반이다. 모두 자기의 생활을 나름대로 기록해 보겠다는 뜻을 가진 사람들, 생활에 시달려 고단할 때 마음을 정화시켜 보겠다는 사람들이 모인 곳이다. 쓴 글을 얘기하면서 즐거움을 느끼는 곳, 글을 쓰면서 친하게 된 사람들과 교유하는 곳이 바로 '생활수필' 교실이다. 내 의중을 어떻게 알았는지 개강 이래 수강생들이 끊임없이 이어지고 있다. 올해로 15년째 이 교실을 운영하고 있으니 정말 신통한 일이 아닐 수 없다.

글을 잘 쓰는 재능을 여자를 말로 꼬신다는 것에 비유한 하루키의 말은 맞다. 글을 잘 쓰는 재능은 타고나야 한다. 그러나 꼬신 여자를 헌 신짝처럼 버리면 어떻게 되겠는가. 도덕적으로 비난을 받을 것이다. 꼬신 여자를 사랑해야 한다. 사실 꼬신다는 말에 얼마간 어폐가 있다. 성실성이 결여되어 있기 때문이다. 꼬신 다음에 사랑이 따르지 않는다면 아름다운 결과를 얻지 못한다. 사랑은 즐거움과 괴로움이 함께 있는 것이라고 누군가 말했다. 글을 쓰는 것도 마찬가지다. 글을 쓸 때는 괴로움과 즐거움을 함께 겪는다. 그러나 괴로움을 이기고 나면 즐거움이 찾아오기 때문에 우리는 글을 쓴다. 비록 걸작이 아니라도 나를 정화(淨化)시킨 글이기 때문에 그것은 나에게 값진 글이다.

악필(握筆) 서예의 마감

내가 글씨를 처음 배우기 시작한 것은 강암(剛庵) 송성용(宋成鏞) 선생의 지도하에서다. 전북대학교 전임강사로 간 지 얼마 되지 않았을 때이니 삼십대 초반이다. 글씨 쓰는 법을 배워보려고 청을 드렸더니 배우려는 문하생들이 그리 많지 않은 때라 쉽게 받아주셨다. 안진경의 《안근례비(顔勤禮碑)》의 임서부터 시작했다. 지금 생각하면 임서(臨書)하는 내 모습을 보고 선생께서는 속으로 많이 웃었을 것이라는 생각이 든다. 붓을 잡는 법부터 제멋대로였기 때문이다. 대개의 요령만 일러주시고는 실제의 지도는 그때 미혼인 따님이 해 주었다. 역입법(逆入法)이 되지 않아 오랫동안 끙끙댔던 기억이 난다. 그런데 한 달이 채 될까 말까 하던 때에 그 문하생들의 서예전시회가 있다고 출품하라고 하셨다. 난감해서 엄두도 내지 못하고 있는데 선생께서 직접 작품의 모델을 써 주셨다. 그것을 집에 갖고 와서 열심히 베끼기 시작했다. 하지만 제대로 모양이 갖추어져 있을 리 만무했다. 전시회가 끝나고 나서 박광선 교수가 자기가 가져야 한다고 떼를 써서 그마저도 뺏겨 버렸다. 별로 애착이 가는 작품도 아니라서 그렇게 아깝지는 않았다. 이후 보지도 못했다. 첫 작품인데도 소장하지도 않았느냐고 나무라는 친구도 있었지만, 부끄러워서 남에게 보이기도 싫었다.

나의 붓글씨는 소학교 5학년부터 시작한 셈이다. 당시는 수업 과목에 정식으로 서예가 있었다. 그 시간이 되면 붓과 먹, 벼루 등을 학교까지 싸 가지고 다녀야 하기 때문에 여간 성가신 일이 아니었다. 한 주일에 2시간 정도는 붓글씨 쓰기 시간이 있었던 기억이 난다. 다행히도 우리 담임선생님은 서예에 일가견이 있는 분이라 열심히 지도하시기도 하셨지만 우리들에게는 아주 좋은 기회가 되었던 셈이다. 뒤에 알았지만 선생님은 소학교에 다니시던 시절부터 붓글씨에 뛰어나서 전교에서 유명했다고 외숙께서 말씀해 주신 적이 있다. 그 할아버지로부터 배웠던 것 같다. 외숙과 소학교를 같이 다녔기 때문에 잘 안다고 하셨다. 그런데 그 선생님이 반에서 나와 또 한 학생의 글씨를 유독 높이 평가해 주셔서 우쭐했던 기억이 난다. 내 글씨가 반 뒤편 학생전시판에 자주 걸리기도 했다.

그로부터 25년쯤 지나서 강암 선생으로부터 서예를 배우기 시작한 것이다. 그나마 그 서예도 몇 달 배우지 못하고 그때 막 테니스 열기가 시작되던 때라서 팽개쳐 버리고 말았다. 그리고는 곧 미국에 가 있는 통에 서예 같은 것은 까맣게 잊어버리고 4년을 지났다. 귀국해서 다시 붓을 들고 혼자 연습을 하기도 했지만 테니스에 더 열심이라서 서예는 아예 뒷전이 되고 말았다.

몇 년 후 이화여자 대학교에 발령 받아 왔을 때 김흥오 목사님께서 서예클럽을 지도하신다는 말을 듣고 그 모임에 나갔다. 일주일에 한 번, 두어 시간 정도인데, 이후 내 연구실에 와서는 시간 나는 대로 글씨를 익혔다. 아마 이때 써낸 연습지가 꽤 되리라 생각한다. 목사님은 이미 그때 은퇴하신 교목이시기도 했지만 원래 동양사를 전공하신 분이라, 한문에 능했고, 불경에도 깊은 조예가 있었다. 글씨를 함께 썼던 대부분의 회원들이 난곡(蘭谷) 선생님 밑에서 함께 배운 분들인데 그중에서 김 목사님은 실력이 월등해서 다른 분들을 지도하는 입장에 있었다. 이 시기에 나 혼자 연구실에 돌아와서 많이 썼던 것으로 기억된다. 안진경의 근례비를 비롯해서 왕희지의 《집자성교서(集字聖教序)》 등을 주로 썼다. 《난정서(蘭亭敍)》는 워낙 유명한 글씨라고 해서 틈이 나는 대로 썼다. 해서(楷書)도 채 익히기 전에 행서(行書)를 썼으니, 기초가 영 부실했던 셈이다. 주제에 글자조차 읽지 못한다는 소리가 듣기 싫어서 초서(草書)인 손과

정의 《서보(書譜)》도 함께 익혔다. 예서(隸書)는 서법의 기초도 몰랐지만 몇 권의 예서 임서본을 사다가 그 모양대로 익혔다. 서예에 별로 접해 보지 못한 분들은 내 연구실에서 폐지 뭉치가 많이 나오는 것을 보고 내가 제법 글씨를 쓰는 사람인 줄 알고 있었다.

그러던 중 이화대학교에서 서예 동아리 지도 교수를 맡게 되었다. 당시 송천(松泉) 정하건(鄭夏建) 선생이 지도 선생님으로 나왔는데, 끝나고 나면 꼭 점심시간이 되어서 함께 구내식당에 가서 점심을 같이했다. 일 년쯤 지나서는 인사동에 있는 송천서실에 아예 나가서 익히기로 했다. 서실에는 주 일 회 정도 나갔지만 집에 돌아와서도 혼자 글씨 쓰기에 푹 빠져 있었던 셈이다. 문하생 전시회에도 꼭 빠지지 않고 참석했다. 그렇게 10년의 세월을 보냈다. 그런데 언제부터인가 손이 미세하게 떨리기 시작했다.

그 정도가 점점 심해 와서 나중에는 붓을 손가락으로 잡고 쓰는 것이 아니라, 손바닥 전체로 잡고 쓰지 않으면 안 되었다. 가끔 글씨 쓰는 것을 구경하러 오는 사람 중에는 내가 악필(握筆)로 글씨를 쓴다는 말을 전해 듣고 신기한 듯이 내 옆에 와서 한참 동안 구경하는 사람도 있었다.

그러나 그것도 오래갈 수는 없었다. 나처럼 손이 떨려 어쩔 수 없이 글씨를 포기한 사람도 많지만 꿋꿋하게 버텨서 대가의 경지를 만년까지 유지한 분들도 더러 있다. 내가 알기로는 고창 신재효 기념관에 갔을 때, 그 현판 글씨는 악필(握筆)로 쓴 대가의 글씨라고 했다. 손가락으로 쓴 글씨와는 달리 웅장기예(雄壯氣銳)한 맛을 느낄 수 있어서 오래도록 잊히지 않고 내 기억 속에 남아 있다.

역시 내게는 끈기가 부족했던 모양이다. 주먹으로 쓰던 글씨마저도 포기하고 말았다. 손이 떨려서 글씨 쓰는 것을 그만 둔 셈이지만 그보다 매사에 지구력이 부족해서 제대로 이루어 내는 것이 없구나, 하는 한탄이 맞는 말이기도 하다. 나의 서예는 그것으로 끝이 났다.

서예를 보는 눈이라도 얼마큼 가지게 되었을까? 그마저도 쉽게 긍정할 수 없다. 그 오묘한 경지는 사실 아직도 캄캄하다. 문득 《손과정서보(孫過庭書譜)》에 나오는 이야기가 생각난다. 어느 날 왕희지가 장안에 급히 갈 일이 있어서 다녀온다는 사실을 집의 벽에다 써서 걸어두고 갔다. 아들 헌지가 그 글을 보고 저 정도면 나도 쓸 수 있겠다고 생각했던 모양이다. 같은 내용의 글을 같은 글씨체로 써서 붙였다고 한다. 며칠 후 희지가 돌아와서 그 글씨를 보고는 "내가 집을 떠나갈 때 어지간히 술에 취해 있었던 모양이었군. 저걸 글씨라고 써 두고 갔나." 했다는 것이다. 그 말을 옆에서 듣고 섰던 헌지의 표정이 궁금하다. 지어낸 이야기인지 실제 있었던 이야기인지는 모르지만 손과정은 희지의 글씨에 비하면 헌지는 한참 밑이라는 뜻을 담고 있다. 그렇지만 서예계서는 이 부자를 일컬어 이왕(二王)이라고 칭하고 있다.

왕희지는 우군(右軍)이라는 벼슬을 했던 모양이다. 그 벼슬이 어느 정도의 위계에 있는지 모르지만 왕희지에게는 도모지 어울리지 않는 존칭으로 들린다. 당대에는 흔히 왕우군(王右軍)이라 부르기도 했지만 벼슬의 위계가 어떤지는 모르지만 희지에게는 오히려 욕된 느낌이 든다. 군의 서열 같은 느낌이 들기 때문이다. 그의 글씨를 워낙 좋아한 임금이 죽을 때 자기 무덤에 함께 묻어달라는 부탁을 해서 함께 묻었기 때문에 희지가 쓴 원본의 글씨는 거의 찾아볼 수가 없다고 한다.

희지의 글씨를 임서하다 보면, 반드시 《난정서(蘭亭敍)》를 쓰게 된다. 서예계에서는 명필이라고 해서 아주 귀하게 생각한다. 그런데 이 글씨의 원문을 보면 들쭉날쭉할 뿐 아니라, 쓰다가 잘못 써서 지운 대목도 있고, 어느 곳은 글자가 틀렸는지 글자 위에 덧칠한 곳도 있다. 친구들과 사장(沙場)에서 술판을 벌이다가 썼다고도 한다. 희지도 그 글씨가 마음에 걸렸는지 집에 돌아와서 차분히 앉아 다시 잘 쓰려고 했지만 쓰고 나서 보면 늘 처음보다 오히려 못해서 결국 포기하고 말았다고 한다.

서예를 했다는 것을 추억으로 남겨야 할까. 붓을 사 모으고,

연습지를 사서 둘러매고 오던 일이 아득한 추억같이 떠오른다. 내게는 서예란 말이 옳다. 쓰는 법을 익히는 정도에서 끝났기 때문이다. 악필(握筆)로나마 버티려고 생각했지만, 그것마저 마음대로 되지 않았다. 그 악필이 악필(惡筆)로 끝날 수밖에 없었기 때문이다. 글씨로 '예(藝)'를 이루는 것은 이미 포기한 지 오래되었지만 우리 문화에서 점점 사라져 가고 있는 서예 문화의 전통을 그나마 나의 기억 속에서나마 간직하고 있다는 것으로 위안을 삼아야 할까.

남지를 다녀와서

누구나 고향을 지니고 있다. 그리고 그 고향의 울림은 그가 사는 동안 크고 오래도록 진동한다. 그렇지만 막상 가서 보면 지용의 말처럼 "그리던 고향은 아니려뇨"일지 모르겠다.

《수필과비평》에서 하계 세미나를 부곡에서 한다는 소식을 듣는 순간 가슴이 설레기 시작했다. 부곡은 나의 고향 남지에서 얼마 떨어지지 않은 곳에 위치하고 있기 때문이다. 고향에는 내가 아는 친지도 친구 누구도 살고 있지 않다. 그런데도 마치 반가운 사람이 그곳에 아직도 살고 있는 것처럼 생각되는 것은 웬일일까.

사실 내 마음속에 남지를 품고 살면서도 남 앞에서는 입 밖에 꺼내서 말한 적이 극히 드물다. 그렇지만 잊어 본 적이 있을까. 늘 품속에 품고 살면서도 남지를 찾아가 본 적은 겨우 몇 번에 불과하다. 5년 전인가 6년 전인가, 내가 남지를 가 본 적이. 마음만 먹으면 쉽게 가 볼 수 있는 그곳을 왜 가 보지 못하고 속에만 담아두고 있는 것인가, 나 혼자 몰래 꺼내보는 귀한 보물을 혼자만 보려고, 아껴두기 때문일까.

원석문학회에서 차를 대절해서 그곳에 간다고 할 때 나는 더할 수 없이 반가웠다. 카페에 이 소식을 올리고 반응을 기다렸다. 별로 눈길을 끌지 않는 것 같아서 〈나의 살던 고향은〉이란 수필을 읽어 보라고 권장까지 했다. 하긴 자기 고향도 아닌 남의 고향에 무슨 흥미가 있을 거라고, 특별한 관광지도 아닌데. 별일 아닌 것을 가지고 남도 따라 흥분할 줄 안다. 북한을 고향으로 두고 있는 사람들이 추석 때마다 휴전선 근처에다 망향단을 설치하고 북녘을 향해서 절을 올린다, 어쩐다 하면서 야단을 피울 때 나는 피식 웃었다. 이제야 그 심정 짐작할 만하다.

세미나 날짜가 다가오자 고향의 모습이 자주 그려지곤 했다. 짐작만 해도 변해 있을 건 뻔하지만 그래도 옛 모습이 아직도 많이 남아 있겠지. 잠깐 덧씌워져 있던 고향의 변한 모습이 다시 정다운 옛 모습으로 모락모락 피어나고 있다.

내가 살 때만 해도 남지는 해마다 홍수로 물난리를 겪곤 했다. 방학 때 배를 타고 남지로 들어간 적도 여러 번 있었다. 여름 우기(雨期)면 낙동강은 자주 범람해서 동네의 절반을 물바다로 만들곤 했다. 그처럼 홍수를 겪는데도 그곳을 떠나지 못하고 살고 있는 사람들이 신기할 정도였다. 어린 시절에는 강변에서 살았지만 여섯 살 이후부터는 높은 지대로 이사를 와서 옛날 동네에 살던 사람들이 우리 집으로 피해 와서 뜰에서 밥을 해 먹던 기억이 난다. 하지만 나의 온갖 아름다운 추억은 그 강변에 있고, 강변을 빼놓고는 내 어린 시절을 말할 수가 없다.

나는 반가운 소식이라도 전하는 것처럼 옥순이에게 전화를 걸었다. 8월 말에는 남지에 간다고. 아직도 두 달이나 앞두고 있는데도 불구하고. 사실은 옥순이도 지금은 그곳에 살고 있지 않다. 남지에서 27킬로미터 남으로 떨어져 있는 마산에 살고 있다. 그래도 나보다는 고향 냄새를 듬뿍 지니고 있을 것 같다. 고향이라는 말만 나와도 가슴이 설레기 마련인데, 하물며 그녀와 고향 이야기를 나누는 것만으로 가슴속이 흐뭇해진다. 옥순이는 내 소학교 때의 친구다. 두 달 후에 갈 것인데 나 혼자 흥분해서 전화를 건 것이다. 8월 말쯤 남지에 갈 것 같은데 만날 수 있느냐고. 세미나는 뒷전이고, 남지에 간다는 것이 전면에 나와 있었다. "언제 오노? 몇 월 며칠 몇 신지 정확하게 말해라. 오거든 꼭 연락해야 된다. 알겠지?" 말을 워낙 쫀득하게 한다고 소문난 옥순이답게, 이렇게 확인해서 말하라고 했다. 반갑게 전화를 받아 주니 괜히 들떠있던 나도 기분이 좋았다.

8월 29일. 9시를 조금 넘어서 신갈에서 버스에 오른 나는 옥순에게 언제쯤 전화를 거는 것이 좋을지 한참 생각하고 있었다. 그녀는 우리 일행들 점심을 자기가 사겠다고 했다. 그럴 필요가 전혀 없어, 우리 모임에서 그런 것들 모두 준비하고 가니까, 생각해 주는 것은 고맙지만 "너는 나만 만나면 되는 거야."라고 했더니 "그렇지만…." 하고 아쉬운 듯이 말을 끊었다. 우리 회원들에게 어릴 때 내가 놀던 낙동강의 모래사장을 보여주고 싶었다. 서울에서 부곡까지는 워낙 먼 거리라 어디서 점심을 먹고 남지를 잠깐이라도 볼 수 있을까 계속 염려되었다. 버스 기사가 빠른 길로 질러서 가는 통에 생각보다 일찍 부곡에 도착했다. 점심을 먹은 식당 이름이 시래기 어쩌구 해서 별 볼일 없었던 하찮은 음식도 귀한 음식이 되는 세상이구나, 했다.

2시 반부터 식이 시작된다고 해서 마음이 조마조마했다. 다행히 한 시간 정도 여유가 있어서 15분 정도 드라이브해서 15분 정도 낙동강을 보고 돌아오면 되겠구나 생각했다. 버스에 탄 사람들이 전부 내 마음 같은 줄 알고 낙동강을 보고 가는 것도 아주 흥미 있는 일이 될 것이라고 나 혼자 속단해 버린 것이다. 남지를 향해서 출발하려고 하니, 회의 전에 준비할 것이 있다고 버스에 같이 타고 온 사람이 부곡 회의장 앞에 먼저 내려 달라고 했다. 잠깐의 시간도 아까워서 마음이 더 초조해졌다. 더 내릴 사람이 없느냐고 김옥춘 씨가 광고까지 했는데도 그때는 아무 말 없다가 남지에 가서는 아주 심하게 불평을 했다고 한다. 내 마음 같은 줄 알고 모두 낙동강을 보고 싶어 하는 줄만 알았다. 내게 하는 불평을 듣고 원석 회원들은 매우 마음이 편치 못했다고 뒤에 내게 전했다.

고향 마을이 변해도 그렇게 많이 변해 있을 줄 몰랐다. 내가 살던 때의 남지가 아니었다. 낙동강을 볼 수 있는 곳에서 옥순을 만나는 것이 좋겠다고 생각한 것인데, 도무지 어디가 어딘지를 모르게 길이 바뀌어 있었다. 어쩔 수 없이 모교인 동포초등학교에서 옥순을 만나기로 했다. 조금은 바뀌긴 했어도 모교는 그대로였다. 옥순은 얼굴에 주름이 좀 더 지긴 했어도 옛날 모습 그대로였다. 손을 잡고 엉거주춤 서 있으니까 이현수 교수가 곁에서 이를 보고 나의 팔을 끌어 옥순의 어깨에 두르게 했다. "초등학교 때의 첫사랑을 그렇게 만나는 법이 어디 있어요."라고 했다. "포옹이라도 하면서 오랜만의 회포를 풀어야지." 옆에 있던 우리 회원들이 까르르 웃었다.

차에 있던 사람들은 회의에 늦을까 봐 발을 동동 구르고 있었던 모양이다. 버스를 먼저 보내고 나는 옥순이가 가져온 차를 타고 낙동강을 둘러볼 생각으로 강가로 갔다. 그러나 옛날의 강변은 온데간데없고, 이제는 교통로도 거의 되지 못하고 있는 이전의 철교 밑으로 갔다. 지앙담이 저만큼 장난감처럼 놓여 있었다. 저것을 보고 그렇게 감탄하면서 어린 시절을 보냈단 말인가. 지앙담에 얽힌 가지가지 사연들이 마치 거짓말처럼 피어서 저쪽으로 사라지고 있었다.

잠깐이지만 낙동강을 보긴 보았다. 하지만 내가 어릴 때 뛰놀던 그 모래사장은 온데간데없이 사라져 버렸다. 하긴 그사이 60년의 세월이 흘러가 버렸으니, 어찌 그때의 고향 정경이 그대로 있겠나. 고향은 영원히 내 가슴속에 담아둘 수밖에 없다. 세미나 장소까지 왔던 옥순이가 원석 회원 모두에게 맛있는 대추 한 봉지씩을 선물로 주었다. 회원들은 달콤한 대추를 씹으면서 "그분과는 어떤 사이였어요." 하고 궁금한 듯이 묻기도 했다.

"멋대로 상상하세요. 60년부터 맺은 우정이니까 어떻게 상상해도 좋아요. 이왕이면 아름다운 로맨스가 있는 상상이 더 좋겠지요. 그리고 지금도 그 우정이 지속되고 있다는 그 사실이 더 중요하지 않나요?"

나는 대추 한 알을 꺼내서 씹으며 이렇게 대답했다.

내 마음의 보석을 찾아서 떠나는 길

보석이란 무엇일까. 귀하고 값비싼 돌이다. 누구나 쉽게 가질 수 있는 돌이라면 귀하게 생각할 리도 없고 값도 비쌀 리 없다. 그 원석을 찾는 것도 지난(至難)한 일이지만 설령 찾았다고 해도 우리 앞에 보석의 형태로 나타나기까지는 참으로 많은 땀과 노력이 필요하다. 어떤 돌이 원석이 되는지 그 상태로서는 알기도 어렵다. 같은 돌임에도 불구하고 귀한 대접을 받는 원석이 있는가 하면, 흔하게 널려 있어도 가지려고도 하지 않는 돌이 있다.

나는 보석을 지녀본 적도 별로 없고, 어떤 종류의 보석이 있는지도 잘 모른다. 가끔 관광 여행을 갔을 때 안내원이 으레 들르게 하는 쇼핑숍에서 여러 종류의 보석을 구경한 적은 있다. 온갖 종류의 보석을 진열해 놓고 그 특징을 설명한다. 영롱한 색깔과 예쁜 형태 때문에 지니고 싶다는 생각을 잠시 할 때가 있다. 그러나 그곳을 떠나면 금방 잊어버린다. 평소 보석에 대해 관심을 두지 않으니까 다른 사람이 보석으로 치장하고 내 앞에 나타나도 별로 관심이 없다. 다만 돈이 많은 사람이구나, 하는 생각은 한다.

인간 말고 다른 동물들도 보석을 알아보는지 모르겠다. 동물 중에 두뇌가 뛰어났다는 원숭이나 개조차도 보석을 알아보고 귀하게 생각하는지 모르겠다. 인간이 먹다 만 갈비를 던져주면 차라리 더 반가워하지 않을까. 보석을 보석인 줄 알아보는 동물이야말로 인간 외에 더 있을까 하는 생각이 든다. 그런 점에서 보면 보석은 인간의 가치를 일깨워주는 중요한 시금석이라는 생각도 든다. 그렇다. 치장하고 있는 보석이 값이 올라갈수록 사람의 값도 같이 따라 올라간다고 생각하는 사람이 있다. 대부분 그렇게 생각은 하지 않겠지만 실제로 그런 생각을 하고 있는 사람도 있을 것이다. 다른 사람이 되도록 잘 볼 수 있게, 때로는 자랑을 하면서 치장하고 다니는 사람이 있어서 하는 말이다.

세상의 보석은 그렇다고 치고 우리들 마음속에 귀하게 간직하고 있는 보석이 있다. 그 첫째는 각자가 가장 소중하게 간직하고 있는 생명이다. 아무리 값진 것을 가졌다고 해도 생명이 끝나면 아무 소용이 없다. 그러니까 우리들의 삶에 있어서 생명보다 더 값지고 귀한 것은 없다. 눈에 보이는 보석보다 훨씬 값지고 귀한 것이 인간의 생명인 셈이다. 그 다음은 무엇일까. 각자에 따라 다르겠지만 귀하게 생각하는 것, 그것이야말로 진정한 보석이다. 생명이 끝나면 모든 것이 끝나듯이 진짜의 보석은 우리의 마음속에 지니고 있는 어떤 것이다. 손으로 만질 수도 없고, 눈으로 볼 수도 없다. 그것은 우리의 마음속에 간직하고 있는 어떤 것이다. 세상의 보석처럼 형태도 없고, 빛도 없다. 객관적인 가치의 기준도 없다. 어떤 것을 귀하게 생각하느냐에 따라 각자 보석의 가치는 결정된다. 나는 그것을 마음의 보석이라고 부르고 싶다. 다른 사람은 예사롭게 보지만 나만은 귀하게 생각하고 있는 어떤 것, 마음의 보석은 바로 그런 것이다. 그 가치를 보석의 감정사가 매기는 것이 아니라, 나만이 매길 수 있는 것이다.

연인을 생명보다 사랑한다고 맹세하는 사람이 있다. 과연 그렇게 말해도 되는지 어쩐지는 잘 모르겠다. 그러나 그 순간만은 세상의 어떤 보석보다 더 값지다고 생각하면서 표현한 말이다. 신념을 지키겠다고 생각하는 사람에게도 마찬가지다. 신념 때문에 목숨을 초개같이 버리는 사람이 있다. 바로 그런 사람이다. 이런 비장한 경우는 그만두고라도 평소 우리가 사랑하고 아끼는 자식의 경우를 두고 보더라도 비싼 보석과 바꿀 수 있을까. 가끔은 그런 사람이 없다고는 할 수 없다. 하지만 그런 사람을 제대로 된 사람이 아니다. 세상에는 피치 못할 사정으로 값지고 귀한 것을 버리는 경우가 없지는 않다. 대체로 돈 때문이다.

세상을 사는 동안 우리는 귀한 보석들과 바꿀 수 없는 마음의 보석들을 지니고 있다. 욕심이 많은 사람은 하나가 아니라, 여럿을 지니고 있다. 너무 많이 지니고 있어서 어느 것이 귀한지도 모르는 사람도 있다. 이것인가 저것인가 매만지다가 이것도 저것도 다 잃어버리고 한탄하는 사람도 있다. 그래서 옛 사람들도 "너무 많은 것을 욕심내면 갖지 못한 것만 못하다."(過慾不及)라고 했을까. "마음이 가난한 자는 천국이 저희 것이오."라고 외친 예수님의 말씀도 같은 뜻이 아닐까. 비록 세상의 보석을 지니고 있지 못한 사람도 마음의 보석을 지니고 있는 사람은 결코 가난한 사람이 아니다. 마음의 보석은 나만이 가지면서 즐기는 보석이다.

수필을 쓴다는 것은 무엇을 의미하는가. 내 마음의 보석을 찾는 일이다. 그리고 그것을 가공하는 일이다. 세상의 보석은 내 눈앞에서 볼 수 있고, 만질 수 있지만 마음의 보석은 다른 사람은 볼 수도 없다. 따라서 그 값도 매길 수 없다. 세상의 보석은 지구상의 오지(奧地)에서 캐 오지만 내 마음의 보석은 내 주변에 널려 있다. 내가 매일 겪는 보고 일상에서 흔히 찾을 수 있는 것이다. 내 마음속에서, 아끼고 사랑하는 일에서 찾는다. 마음의 보석은 세상의 보석과는 달리 값이 전혀 비싸지 않다. 아니, 내게만은 매우 비싸고 값진 보석이다.

세상의 보석은 여러 사람의 손을 거쳐 내게 도달하지만 내 마음의 보석은 나 혼자만의 노력으로 캐 내지 않으면 안 된다. 조용히 앉아 마음을 모으면서 그 원석이 무엇인가 찾아본다. 돈은 들지 않지만 애쓰고 노력하지 않으면 찾을 수 없다. 그러다가 문득 어느 날 신기루처럼 나타난다. 우리는 그것을 영감(靈感)이라고 부른다. 보석에 등급이 있듯이 잘 쓴 글과 못 쓴 글에도 등급이 있다. 그러나 내 글은 나만이 쓸 수 있는 글이다. 내 마음을 풀어내어서 쓴 글이니 내게 있어서만은 보석이다.

로마의 황제 황후였던 로리아 파우리나는 언제나 값비싼 보석으로 치장하고 다녔다. 그때의 가치를 지금의 돈으로 환산할 수도 없지만 어쨌든 엄청난 금액을 주고 산 보석임에는 틀림없다. 당시의 감식가들에 의하면 다이아몬드, 에메랄드, 진주 그리고 온갖 값진 보석으로 장식하고 있었다고 한다. 그런데 그녀는 늘 얼마에 샀다는 영수증을 지니고 다녔다는 것이다. 때때로 보석 전문가에게 그 영수증을 보여주기도 했던 모양이다. 왜 그랬을까. 그런 값진 보석을 다른 사람이 그 가치를 알아보지 못할까봐 그랬을 것이다. 대체로 보석으로 치장한 사람들은 이처럼 자긍심을 만족시키기 위해서 지니고 다닌다. 다른 사람이 그 가치를 알아주지 못하면 속이 상한다. 남이 잘 볼 수 있도록 겉으로 치장하는 것이다. 그러나 내 마음의 보석은 다르다. 남이 잘 볼 수도 없다. 글로 써 두면 그렇구나 하고 아는 체를 한다. 그 글은 내 마음의 일부일 뿐이다. 나 혼자만 알고 아끼면서 즐거워하는 보석이다. 더 영롱하고 아름다운 보석을 만들어 낼 것을 기대하면서.

여기 마음의 보석을 글로 써서 보여 주려고 한다. 내가 귀하게 생각하는 것과 내 문우가 귀하게 생각하는 것은 어떻게 다른지, 내가 가공하는 솜씨와 그가 가공하는 솜씨는 어떻게 다른지 비교해 보는 일도 흥미로운 일이다. 나의 솜씨가 시원치 않다고 웃을지도 모른다. 그러나 그것은 내 마음속에 깊이 간직되어 있는 보석의 한 조각일 뿐이다. 마음의 진실을 담은 소중한 것이다. 아직도 나는 내 마음속에 깊이 간직하고 있는 보석들이 많다. 어디에 어떤 보석이 숨겨져 있는지 나도 잘 모른다. 하지만 앞으로 내가 할 일은, 아니, 내가 살아가는 보람은 그 보석을 찾는 일이다. 그 보석을 찾아서 길을 떠나야겠다. 보이지도 않고, 볼 수도 없는 아득한 그 길을 향해 떠나야겠다.

말 말 말

언어를 갖지 못한 인류를 상상할 수 있을까. 인간이 동물과 다른 특성을 한마디로 요약해서 표현한 사람들은 많다. 그중에서 도구를 사용할 수 있는 동물이라고 표현한 것은 아마도 서양 사람의 발상인 듯하다. 구석기 시대를 거쳐서 신석기, 청동기 시대로 발전해 온 인류 진화의 발전상을 박물관에서 보면 그 말은 틀림없는 듯하다. 반면에 예의 염치를 알아야만 인간다운 가치를 드러낸다고 강조한 것은 동양인의 발상이었던 것 같다. 이성(理性)을 최고의 가치로 규정한 것은 서구의 철학사상이 세계를 지배하는 근대 이후라고 말할 수 있다.

어떻게 말하든 인간에게 있어서 '말'의 중요성은 아무리 강조해도 오히려 부족하다. 말이 없이 오늘날의 인류문화를 이룩할 수 있었을까. 말은 인간의 감정과 생각을 전달하는 도구라고 흔히 말한다. 이렇게 말할 때의 말은 전달에 그 무게가 실려 있는 듯하다. 동물들도 그들의 의도를 어느 정도는 전달하는 수단을 갖고 있다. 그러나 끝내 인간만큼 발달하지 못했다. 아니 발달하지 못했다고 보기보다 본능적 소리의 수준에서 멈추어버린 것이다.

인간은 필요에 의해서 말을 가진 것이라기보다 표현하고 싶은 본능을 말로 하는 동물이다. 성장하는 어린애를 보면 알 수 있다. 말을 갖지 못한 어린아이일 때는 울음과 웃음, 혹은 동작과 표정으로 감정과 의사를 표현하지만 말을 할 수 있는 때가 되면 저 혼자서도 말을 주고받는다. 이 행위야말로 인간이 다른 동물과 구별되는 가장 중요한 특징이라고 슈잰 랭거는 말하고 있다.

인간 행위의 가장 중요한 몫은 말이라고 할 수 있다. 다른 사람과의 접촉을 끊고 혼자 명상하고 있는 수도자일지라도 자기 내부에서는 끊임없이 말을 하고 있다. 만약 이 말조차 하고 있지 않다면 그는 목석이나 다름없다. 아니 살아있다고 할 수 없을지 모른다.

흔히 필요에 의해서 말을 한다고 한다. 어린아이였을 때는 어른들로부터 불필요한 말을 한다고 꾸중을 들을 때도 있다. 사실 불필요한 말이란 있을 수도 없다. 다 필요한 말인데 그 상황에 맞지 않다는 말이다. 그 상황에 얼마나 적합한 말을 하느냐가 중요한 것이다.

우리가 살아가면서 꼭 필요한 말은 대체 얼마나 될까. 꼭 해야 할 말도 있지만 해서는 안 되는 말도 있다. 상대가 들어서 기분 좋은 말이 있는가 하면 들어서 기분 좋지 않은 말도 있다. 그런가 하면 상대가 들으면 독이 되는 말도 있다.

유명한 언어학자 로만 야콥슨은 언어의 기능을 여섯 가지로 나누고 있다. 감정을 나타내는 정감적(emotive) 기능, 나의 지시를 그대로 따르도록 하는 사역적(conative) 기능, 뜻을 드러내는 지시적(referential) 기능, 말 자체의 재미를 누리게 하는 시적(poetic) 기능, 말하는 사람과 말을 듣는 사람과의 유대를 맺게 해 주는 교감적(phatic) 기능, 말을 설명해 주는 상위언어적(metalinguistic) 기능 등이다. 각기 다른 언어적 기능을 구구하게 설명하기보다 나는 여기서 교감적 언어의 기능에 대해서 말하려고 한다.

수도자가 아닌 다음에야 우리들은 끊임없이 말을 하고 산다. 말을 하지 못하게 하면 대부분의 사람들은 고통스럽다. 죄수들이 여러 사람과 불편하게 사는 것보다 독방에서 지내는 것이 더 괴롭다고 흔히 말한다. 하루 종일 했던 말을 잠을 청할 때 생각해 보면 꼭 필요한 말이 그중에 얼마나 있었는지 의심스럽다. 살아 있으니까 그냥 했던 말이다.

한때 우리의 인사말을 바꾸면 좋겠다고 주장하는 사람들이 많았다. 아침저녁 만날 때마다 인사하는 우리말이 번거롭다고 생각해서 간단하고 활기차게 할 수 있는 말이 없을까 하고 궁리한 적이 있다. 가령, 영어의 "Good morning"이나, "Good evening"처럼. 혹은 "How are you"나, "Good bye"처럼. 지금은 "안녕하십니까?"가 거의 보편화 되어 있지만, 내 어릴 때만 해도 어른들에게는 "진지 잡수셨습니까" 하고 인사하는 말을 더 많이 썼다. 서양식을 닮아서 "안녕?" 하고 말하는 사람도 있다. 하지만 아직도 그런 말은 어린애가 쓰는 말 같아서 어른이 쓰기에는 영 어색하다.

사실 우리가 쓰는 말을 곰곰이 생각해보면, 필요에 의한 말보다 그냥 상대의 말을 따라 하는 말이 많다. 그런데 이 말을 적절하게 사용하지 못해서 상대를 언짢게 하기도 하고 불쾌하게도 한다. 정치인들은 상대 당이나 정적에게 기분 나쁘라고 하는 말이 대부분이다. 하기야 기분 좋은 말을 하면 이적행위를 한다고 동지들에게 지탄을 받을지 모르니까 그러는지 모르겠다. 험악한 말을 함부로 내뱉는 것을 전매특허처럼 사용하는 정치인도 있다. 험악한 말은 험악한 말로 되돌아온다. 나쁜 말을 주고받는 사이에 정작 하고 싶은 말은 하지 못하고 진흙탕에서 싸우는 개처럼 서로의 꼴이 말이 아니다.

말과 공기는 우리의 삶 속에서 필수불가결의 요소지만 고마움을 모르고 산다. 맑고 좋은 공기 속에 살면 건강하고 기분

좋듯이 좋은 말을 많이 듣고 살면 서로가 기분 좋고 즐겁다. 말의 환경은 분명히 존재한다. 한국의 정치는 말의 환경이 나빠서 언제나 싸움질로 끝을 내고 있다. 험악한 말을 유머로 대체할 수 없을까. 유머는 말의 환경을 순화시키는 데 일등공신이다.

꼭 필요한 말도 제때에 하지 못해서 지내놓고 항상 후회하는 버릇이 내게는 있지만 필요 없는 말을 무심코 해서 듣는 사람의 기분을 상하게 한 일은 없는지 반성해 볼 필요가 있다. 어린애가 처음 말을 배우는 심정으로 말이다.

매를 맞은 기억

초등학교 4학년 때라고 기억된다. 담임 교사에게 아주 심하게 매를 맞았던 기억이 난다. 4학년으로 진급해서 며칠 되지 않았을 때의 일이었다. 왜 그렇게 매를 맞아야 하는지 그 이유도 모르고 맞은 것이다.

여자 선생님이었는데 우리들에게 자습하도록 맡겨 두고 시내로 볼 일을 보러 나갔다가 돌아와서 내게 심한 매질을 한 것이다. 아직 정식 반장을 선출하지 않았던 때라서 임시로 어떤 아이가 반장을 맡고 있었다. 선생님은 자기가 없는 사이에 반장의 말을 잘 듣지 않은 학생이 있으면 그 명단을 적어놓으라고 지시하고 가셨던 모양이다. 다른 학생들은 반장의 허락을 받고 변소를 갔는데 나만 유독 반장의 허락도 없이 변소에 다녀왔다는 것이다. 임시 반장은 자기의 권위를 무시했다는 괘

씸한 생각이 들었던 모양이다. 나를 담임 선생 부재중 소란을 피운 가장 죄질이 나쁜 학생으로 보고했다.

담임 선생님이 시내에서 돌아오자 나를 제일 먼저 교단으로 불러 세웠다. 무엇을 잘못했는지 묻지도 않고 회초리로 나의 머리를 때리기 시작했다. 한 30분간이나 맞았을까. 반장의 허락 없이 변소에 다녀온 것이 그렇게 큰 잘못인 것인가. 억울하게 매를 맞았다는 생각이 들어서 눈이 퉁퉁 붇도록 울었다. 자랄 때 장난질을 심하게 치거나, 옆 아이를 괴롭힌 일이 거의 없었기 때문에 선생님으로부터 매를 맞아본 것은 그것이 처음이었다.

지금 생각하면 눈치가 모자라는 것이 나의 가장 큰 잘못일 수 있다. 지금도 그러하지만 사태를 재빨리 파악하지 못하는 나의 둔감 때문이라는 생각이 든다. 선생님이 자율학습을 하라고 하고 가셨으니 우리들 스스로가 알아서 질서를 지키면서 공부하면 된다고만 생각했던 것이 잘못이었던 모양이었다. 임시 반장의 허락을 받지 않고 변소에 다녀온 것이 반장의 권위를 무시한 것이 된 것이다. 화장실 다녀오는 것까지 일일이 반장에게 허락을 받을 필요가 있느냐고 나는 생각했고, 반장은 그의 권위를 무시한 것으로 생각한 것이다. 지금 생각하면 선생님은 시내에서 기분 나쁜 일을 당하고 그 분풀이를 내게 했다고 생각된다. 무슨 잘못을 저질렀는지 적어도 한번쯤은 물어보았으면 좋지 않았을까. 이유도 묻지 않고 반장이 이름을 적어냈다고 해서 다짜고짜로 때리기 시작한 것은 지금 생각해도 이해가 되지 않는다. 그날 운이 매우 나빴다고밖에 할 수 없다. 머리를 작대기로 수없이 맞았기 때문에 굵은 멍 자국이 시퍼렇게 나 있었다.

집에 돌아왔을 때 다른 때와는 달리 시무룩해 있는 나를 본 어머니는 학교에서 무슨 일이 있었느냐고 자꾸 캐물었다. 아무 일 없었다고 거듭 말했지만 어머니는 다른 때와는 다른 나를 보고 내 얼굴을 계속 살펴보셨다. 눈이 약간 부어오른 것이 아무래도 이상하다고 생각하셨던 같다. 내 얼굴을 보다가 드디어 내 머리를 보셨던 것이다. 맞았던 곳에 시퍼렇게 부어올라 자국이 구렁이처럼 감겨 있었다. 어머니의 표정이 금방 달라졌다. 입은 옷 그대로 새파란 얼굴이 되셔서 대문을 나서는 것이었다. 학교로 가는 것이 분명하다 싶어 나는 한사코 말렸지만 어머니의 태도는 결연했다. 후에 들어보니 담임 선생님에게 엄하게 따지셨다는 것이다. 잘못한 일이 있으면 종아리를 때려야지, 어찌 머리를 때리느냐는 것이었다. 머리를 때리면 머리가 나빠져 공부를 못하게 하라는 뜻이 아니냐고 하셨다고 한다. 담임 선생은 다음날로 다른 선생으로 교체되었다. 머리를 때리면 머리가 나빠진다는 생각이 확고하셨기 때문에 어머니는 그 점을 도저히 용납할 수 없었다고 한다.

중학교에 와서 상급생으로부터 호되게 맞은 기억이 난다. 중학교를 수석으로 입학했기 때문에 일학년부터 나는 반장을 하고 있었다. 당시 우리 학교는 시골학교였기 때문에 4년제였다. 4학년을 졸업하면서 서로 우정을 나누는 기념으로 흰 종이에 기념 사인을 해서 서로 주고받았다. 내가 형님처럼 따르던 분이 졸업을 하게 되어 같은 졸업생에게 주는 사인을 그분에게 전해 주라고 내게 맡겼다. 한참 그렇게 갖고 있었지만 도저히 그냥 들고 있기가 불편해서 접어서 포켓에 넣고 다녔다. 그러니까 그 사인 종이는 자연 구겨질 수밖에 없었다. 얼마 후 전해 주어야 할 당사자가 나타나서 나는 포켓에서 꺼내서 주었다. 그 상급생은 금방 낯빛이 변하더니 따라오라고 했다. 뭔가 단단히 잘못되었구나, 하는 생각은 들었지만 그렇게 호되게 매를 맞을 줄은 미처 몰랐다. 당시 변소를 짓기 위해 깊은 구덩이를 파 두었던 곳이 있었는데 그 선배는 나를 그곳에 밀어 넣었다. 그리고는 때리기 시작했다. 손으로 때리다가 자기 손이 아팠던지 근처에 보이는 몽둥이를 들고 와서는 그것으로 때리기 시작했다. 그렇게 나는 30분 이상을 맞았던 것 같다. 그가 가고 난 뒤에 나는 간신히 일어나서 근처의 병원으로 갔다. 원장님은 우리 학교에 생물 선생님으로 출강하셨던 분이다. 나를 알아보고 왜 이렇게 되었느냐고 캐물었지만 어떻게 대답해야 할지 몰라 나는 울기만 했다. 그 상급생은 이미 학도 병으로 다녀온 사람이기도 해서 같은 반에서도 몹시 난폭한 학생으로 소문이 나 있었다.

이후 열흘쯤 나는 학교에도 나가지 못하고 집에서 몸조리를 하고 있었다. 교무실 전체가 발칵 뒤집혀졌던 모양이다. 나를 때린 그 상급생은 매일 우리 집으로 출근하다시피 하면서 어머니에게 손이야 발이야 하고 빌었다. 졸업장을 받을 수 없다고 학교 당국으로부터 엄한 경고를 받았던 모양이다. 졸업생들로서는 아주 귀중한 기념품이 될 그 사인을 나는 대수롭지 않게 생각했으니 우선 나의 잘못이 크다. 그때나 지금이나 눈치코치 없기는 여전하다는 생각이 든다. 기말고사도 제대로 치르지 못했는데 어떻게 수석 우등상을 내게 주었는지 의문이다. 그 사건으로 기말고사도 보지 못했는데 학교에서는 중간고사 성적으로 나에게 최우수상을 주었다.

내가 다니던 시골 중학교는 영어를 가르칠 교사가 변변히 없었다. 2학년 때는 영어 교사가 한 학년 동안 5번이나 바뀌었는데, 3학년에 와서도 학기 중 영어 교사가 또 바뀌었다. 처음 선생님은 서울대학교 사범대 영어과를 졸업한 분이라 나는 아주 좋아했는데, 학기 중에 다른 학교로 전근을 가 버렸다. 도시에 있는 좋은 학교로 전근한 것이다. 그 다음 영어 선생님은 과학 선생님이었다. 서울대학교 약학대를 4학년까지 다니다가 휴학하고 임시 교사로 온 분인데, 영어 과목을 맡게 되었다. 지금과는 달리 시골학교 학생들은 영어 과목에 대해서는 거의 공부를 포기하다시피 하고 있었다. 결국 나와 선생님 간에만 질문과 대답이 있을 뿐이었다. 어느 날 영어 시간에 선생님이 잘못 말하는 것이 있어 지적했더니, 화가 잔뜩 난 표정을 지으시며 나를 교단 앞으로 나오라고 하셨다. 선생님은 무조건 나의 뺨을 때리기 시작했다. 내가 왜 매를 맞는지 그 이유도 몰랐다. 평소 그 선생님은 나를 각별히 아껴주고 귀여워해 주었다. 그런데 그날은 선생님이 해 주시는 해석이 조금 이상한 것 같아서 질문을 한 것인데 교단 앞으로 나오라고 해 놓고 뺨을 때리기 시작한 것이다. 이유를 말해 주지 않으니 알 수 없지만 아마도 나의 질문이 선생님을 권위를 무시했다고 생각하셨던 것 같다. 시간이 끝난 후 나를 부르더니, 미안하다고 사과를 했다. 후에 안 일이지만 그 선생님은 터무니없이 화를 냈다가 곧 이성을 찾고는 사과하는 버릇이 있다고 했다.

우리 반 담임 선생님이면서 우리에게 국사를 가르치시던 분이 계셨다. 어느 날 학교에 출석해서 자리에 앉자마자 다른 학생을 통해서 나를 불렀다. 반장을 하고 있을 때라 반의 일로 무슨 의논을 하려는가 싶어 교무실로 갔다. 그런데 나를 보자 불문곡직하고 몽둥이로 나를 때리기 시작했다. 나는 매를 맞는 이유를 전혀 몰랐다. 선생님 왜 그러십니까, 하고 계속 여쭈어 보았지만 네 잘못을 네가 모른단 말이냐 하시면서 매질을 하는 것이다. 그러고는 교무실 바닥에 꿇어 앉아 있으라고 했다. 이유도 모르고 매를 맞고, 교무실 바닥에 무릎을 꿇고 앉아 있었다. 반장이 그러고 있으니까 우선 창피해서 죽을 지경이었다. 끝까지 매를 맞은 이유를 듣지 못했지만, 짐작건대 선생님에게 욕을 하며 교문 밖으로 나갔다고 단정했기 때문인 것 같다. 당시 그 선생님은 학교 사택에 살고 계셨는데, 내가 일찍 나가니까 반 아이들이 큰 소리로 너 선생님에게 혼날 줄 알아라, 하고 놀렸지만, "녀석들, 미친 지랄하네." 하면서 비웃어주던 일이 생각난다. 그 말을 사모님이 들으셨던 모양이다. 그 선생님은 사택에서 살림을 하고 있었는데, 교문을 나가기 위해서는 그 집을 통과해야 한다. 사모님은 내가 선생님을 향해 욕을 하는 줄 알았던 모양이다. 이미 오해한 일을 해명하기는 어려운 일이다.

졸업하던 날 나는 술 한 병을 사들고 가서 그 선생님에게 그때의 오해를 풀어드리려고 했다. 말을 하려고 몇 번이나 별렀지만 끝내 못하고 말았다. 선생님은 내게 매질한 것조차 이미 잊고 있는 것 같았다. 잘못은 누구나 저지를 수 있다. 그러나 교육자인 경우에는 그 잘못의 원인이 어디에 있는지, 그 잘 못을 깨닫고 있는지, 사실을 내가 잘못 알고 있는 것은 아닌지 살펴본 뒤에 벌을 내려도 늦지 않다. 알아보지도 않고, 매질부터 하는 것은 교육자로서 우선 자격 상실이다. 이유도 모른 채 매를 맞고 나면 두고두고 마음속에 그 선생에 대한 미움이 쌓인다. 지금 같으면 구타 장면을 찍어서 당장 SNS에 올릴 것이고, 교육 당국으로부터 제재를 받기 이전에 학생들이 배척운동을 벌일 것이다. 세상이 많이 바뀌었다. 그 정도가 지나쳐 가벼운 체벌도 허용되지 않아서 교사들이 애를 먹고 있다고 한다. 이렇게 바뀐 세상이 과연 좋은지 어쩐지는 판단하기가 어렵지만 학생의 인권을 존중하는 교육풍토로 바뀌어 가고 있는 것은 분명한 사실이다. 바뀌어 가고 있는 문화를 거부하고 자기의 교육관을 맹신하고 있는 교육자가 있다면 그것 또한 문제다.

제2부

소유의 삶과 공유의 삶

보이지 않는 것을 위하여

흔히 세상 많이 좋아졌다고 말한다. 남들의 이야기가 아니라 나 자신도 그렇게 생각한다. 이전에 가질 수 없었던 것을 지금은 원하면 얼마든지 가질 수 있기 때문이다. 전화도, 텔레비전도, 자동차도 내 젊었을 때 어디 그리 쉽게 가질 수 있기나 했나. 내 처지로서는 저 산 너머에 있는 어떤 것인 줄 알았다.

내가 처음 미국에 갔을 때 시애틀에서 타코마로 한식을 먹으러 간 적이 있다. 그때 식당 종업원인 젊은 아가씨들이 자가용차를 타고 하나 둘씩 출근하는 것을 보고 적지 않게 놀랐다. 한국에서는 꽤 돈이 있는 사람도 자가용으로 출근하는 것은 상상도 못할 때였다. 어디 그뿐인가. 내 소유의 전화기도 마음대로 갖지 못하던 때의 이야기다. 미국에서 학생 기숙사에서 나와 루밍 하우스(월세방)를 얻어 살면서 전화를 신청했더니 그날로 와서 달아주는 것이 아닌가. 한국과는 너무나 딴 천지의 세상이었다. 한국에 있는 친구에게 자랑이라도 하고 싶었다. 그런데 지금의 한국도 그와 전혀 다를 것이 없다.

김일성이 살았을 때, 입버릇처럼 했던 말이 있다. 이밥에 고깃국을 먹을 수 있다면 그보다 더 좋은 세상이 어디 있느냐고. 지금 한국이 바로 그가 원하던 세상이 되었다고 해도 아주 틀린 말은 아니다. 한데 그가 다스린 북한 주민은 수없이 굶어죽어 가고 있다고 하니 이만저만한 아이러니가 아니다. 김일성이 상상할 수 있었던 최상의 복지국가가 바로 그런 세상이라고 믿고 있었던 것임에 틀림없다. 복지국가를 이룩하기 위해서 그에게 거슬리는 수많은 정적들을 처형 학살했으니 그가 살아있다면 주먹을 불끈 쥐고 그에게 들이대고 싶다.

인간을 흔히 만물의 영장이라고 말한다. 이 지상의 모든 생물들을 지배하고 산다는 뜻이다. 그런데도 동물들보다 반드시 만족하면서 산다고 할 수 있을까. 이 만족을 오래 지속할 수 있으면 그것을 행복이라고 할 수 있을지 모르겠다. 만족은 구체적이지만 행복은 추상적이다. 추상적인 것이 되어서 그런지 행복이란 대체 무엇인지 꼭 집어서 말하기조차 어렵다. 먹고 싶은 대로 먹을 수 있는 것이 행복일까. 하고 싶은 짓을 마음대로 할 수 있는 것이 행복일까. 동물들은 배불리 먹을 수만 있다면 그것으로 만족의 첫 단계는 이루어졌다고 할 수 있다. 인간처럼 행복 같은 애매하고 추상적인 조건 따위는 바라고 있지 않을지 모른다. 위(胃)의 만족이 인간의 가장 기본적인 행복의 조건이긴 하지만 그 외에도 만족시켜야 할 부분이 많다. 그 모든 부분을 뭉뚱거려서 우리는 행복이라고 말한다.

OECD 국가 중에서 자살률 1위가 한국이다. 대체 어느새 한국이 그렇게 되었는가 싶다. 이전보다 훨씬 더 잘살고 훨씬 더 만족하고 있는데도 불구하고 왜 자살률이 그렇게 높은가. 잘 먹고, 잘 입고, 편해진 세상이 되었는데도 불구하고 무엇이 못마땅해서 자살률 1위를 기록하고 있는 것일까. 내 어릴 때 노인들이 입버릇처럼 하던 말이 있다. 배부르니까 괜히 딴 생각들을 하는 미친놈들이라고. 하지만 바로 그 노인들의 자살률이 더 높다는 것이다.

행복한 사람이 자살할 리는 만무하다. 스스로 행복하지 못하다고 느끼고 있기 때문에 자살한다. 그 나름대로는 다 이유가 있을 것이다. 이밥에 고깃국만 먹을 수 있다면 행복하다고 생각하는 사람들도 물론 있다. 그러나 자살률이 높다는 것은 먹는 것으로 도저히 해결할 수 없다는 뜻이다. 잘살수록 자살률이 줄어들어야 하는데 왜 점점 더 늘어난다는 말인가.

누가 정했는지는 모르지만 세계 3대 진미를 푸아그라, 트러플, 캐비어라고 한다. 우리가 통상으로 맛을 볼 수 있는 음식들은 아니다. 이 진미들을 한 입만 먹어도 황홀할 것 같지만, 사실은 이 음식에 익숙하지 않은 사람은 "이게 뭔 맛이야." 하고 뱉어 버릴지도 모른다고 했다. 푸아그라란 거위의 간이다. 말하자면 지방간이 듬뿍 들어 있는 음식이다. 비싸기로 말한다면 입이 딱 벌어질 정도의 고가다. 캐비어가 비싸다는 것은 많이 들어서 알고 있지만 그 정도가 아니다. 화이트 트러플 한 덩어리 값이 웬만한 집 한 채 값이라니, 미친놈들 별 희한한 짓을 하는구나 하고 웃을지도 모른다.

이런 음식들은 그래도 입에 들어가 혀끝으로 맛이라도 볼 수 있다. 냄새로 값을 지불해야 할 돈이 또한 어마어마한 것이 있다. 향수 말이다. 음식이야 먹기라도 하지만 손에 잡히지도 않는 냄새로 인간을 유혹하면서 큰돈을 지불해야 하는 것이다. 우선 1 그램의 샤프란을 얻기 위하여 무려 500개의 꽃술을 따야 한다고 한다. 인도네시아에서는 한 줌도 안 되는 육두구(肉荳蔻)를 사려면 우리 돈으로 2억 원을 넘게 주어야 한다고 한다. 손에 잡히지도 않는 냄새를 위해서 이렇게 큰돈을 지불하는 것이 인간이다.

왜 사느냐고 묻는다면 대답이 쉽게 나오지 않는다. 먹고 싶은 것을 먹기 위하여, 하고 싶은 것을 하기 위하여, 내가 좋아하는 연인과 더불어 살기 위하여, 훌륭한 업적을 남기기 위하여 등등 제멋대로 말할 수 있다. 어쨌든 그렇게 해서 행복한 삶을 누리기 위해서라고 요약할 수 있다.

행복한 삶이란 대체 무엇인가. 잠시 가질 수 있는 행복은 만족이라고 말할 수 있다. 그러나 인간은 잠시 가졌던 만족에 만족하지 못한다. 아니, 잠시 가졌던 만족이 다음 순간 더 큰 불만으로 이어질 수 있다.

문명이 진화되면서 편해진 것이 참 많다. 손끝을 까딱하면 멀리서도 차에 시동을 걸 수 있고, 차 안을 따뜻하게 덥힐 수 있고, 밥을 지을 수도 있고, 로봇을 시켜 청소를 시킬 수도 있다. 기계를 통해서 너무나 많은 것을 할 수 있어서 나같이 나이 많은 사람은 그 조작하는 법을 익히기 어려워 아예 포기하고 있는 실정이다.

그렇게 편해졌기 때문에 행복하다고 말할 수 있을까. 하긴 물질문명의 편함을 거부하기 위하여 산속으로 들어가는 사람도 있다. 어쨌든 행복은 손에 잡히는 것도, 돈으로 지불할 수 있는 것도, 맛으로 느낄 수 있는 것도, 냄새로 맡을 수 있는 것도, 몸뚱이로 때울 수 있는 것도 아닌 것만은 분명하다. 행복은 그렇다. 보이지 않는 어떤 것이다. 그 보이지 않는 어떤 것을 가르쳐 주려고 성인들은 안간힘을 써 왔다. 그게 대체 무엇일까. 성인들이 살아 있다면 내게 이렇게 질책할지 모른다. 그렇게 앉아서 안이한 방법으로 그게 무엇인가 하고 캐묻고 있는 너의 자세가 이미 틀린 것이라고.

예수는 십자가에 못 박혀 죽으면서까지 그것을 가르치려고 했다. 석가는 누구나 부러워하는 왕자의 지위까지 내던지고 수도해서 가르치려고 했다. 소크라테스 또한 목숨을 잃으면서까지 설파하려고 했다. 눈에 보이는 것이 아니라, 보이지 않는 것을 위하여.

삶의 질

최근에 우리 집 화장실의 비데를 갈았다. 오래전부터 바꿀까 어쩔까를 생각하다가 드디어 결행한 것이다. 비데를 바꾸는 데 결행이라는 말까지 쓰고 있는 건 웃기는 일이라고 할 사람이 있을지 모른다. 그러나 수삼 년 전부터 바꾸어야지,라고 생각만 하다가 이제야 바꾸게 된 것은 나로서는 결행이라고밖에 말할 수 없다.

그 비데를 지금 사는 집에 설치한 지도 10년이 좋이 넘은 것 같다. 이전 집에서 5년쯤 사용했으니, 도합 15년도 전에 설치한 비데라고 할 수 있다. 그래서 어떻단 말이야, 라고 말할지도 모르겠다. 그 훨씬 전에도 비데를 설치한 집이 많았겠지만 나는 그때 처음으로 설치한 것이다. 비데 설치에 대한 광고가 내 눈에 들어온 것도 그 즈음이었다. 어느 날 백화점 앞을 지나다 문득 생각나서 그 가격을 물어 보았더니, 내 형편으로서는 설치하기가 너무 비싼 가격이었다. 에이 참지, 참는 것이 돈 버는 일이다, 하고 다음으로 미루었다. 그리고 한참 뒤에 귀가하는 길가에서 비데를 싸게 설치해 준다고 떠들고 있는 길거리 장사꾼을 만났다. 지난번 백화점에서 물어본 가격보다는 훨씬 싼 가격이었다. 다음 날로 와서 설치해 주었는데 아내는 그 가격을 말해도 믿지를 아니했다.

5년 후 용인으로 이사를 왔을 때 나는 그 비데를 떼어놓고 온 줄 알았는데, 이사하는 사람이 내 방문 앞 화장실에 다시 설치해 놓았다. 아내가 주로 쓰는 안방 화장실에는 이미 설치되어 있었다. 그런데 그 비데가 최근에 고장이 나서 새것으로 바꾸게 된 것이다.

문득 내 자랄 때의 측간이 생각난다. 측간이라는 말이 언제부터 고상한 화장실이라는 말로 바뀌어졌는지는 모르지만, 더럽고 냄새 나는 것은 물론이고 이용할 때도 고약한 일이 많았다. 신문지로 뒤처리를 하는 것은 그래도 고급이었다. 짚을 말아서 처리할 때도 많았다. 그 시절을 산 사람에게 이런 말만 해도 고개를 절레절레 흔들 사람이 많을 것 같다. 그 시절에는 측간이라면 집의 본체에서 좀 떨어진 곳에 있었다. 어린 시절은 밤이면 그곳이 무서워서 어른을 옆에 세워두고 볼일을 보는 일이 많았다. 어쨌든 그 시절보다는 세상 참 좋게 되었어,

라고 말해야겠다.

그 후 화장실 문화가 많이 개선되기는 했지만 더럽고 고약하다는 이미지는 벗어나지 못했다. 1960년 초 내가 공군 소위로 미군들과 합동 근무를 하고 있을 때였다. 숙소는 달랐지만 사무실은 그들과 함께 쓰고 있었다. 한국군 장교 숙소의 화장실은 너무 불결해서 모두들 사용하기를 꺼려했다. 그래서 참을 데까지 참다가 미군들과 함께 근무하는 근무지에 와서 일을 보았다. 그런데 문제는 화장지에 있었다. 비치해 둔 화장지가 얼마 있지 않아 동이 나기 때문이다. 장교들은 그런대로 체면을 지켰지만 사병들은 화장지를 보면 막무가내로 뜯어 가는 것이였다.

참으로 어려웠던 시절의 이야기다. 지금은 한국의 공중화장실에도 두루마리 화장지가 비치되어 있다. 화장실만 놓고 보아도 우리들의 삶이 얼마나 좋아졌는지 알 수 있다. 국민 소득 1,000불도 되지 않던 그때와 비교해서 20,000불 시대가 되었다니, 믿기지도 않는다. 올해 대통령 연두 교서에서 40,000불 시대를 향해 매진하자고 공언하고 있으니, 돌아보면 참으로 감개무량하다. 물론 우리 주변을 둘러보면 아직도 한겨울 냉방에서 떨고 지내면서 세끼 밥을 먹지 못하는 사람들도 있다. 해결해야 할 문제겠지만 잘사는 미국도 노숙하는 사람이 있고 거지가 있는 것을 보면 인간이 사는 데는 그런 일이 있기 마련인 모양이다.

문명이 발전한다는 것은 쉽게 말해서 사람들이 좀 더 편리하고 넉넉하게 살 수 있도록 하는 것이라고 할 수 있다. 그러나 그 넉넉함과 편함만으로 우리들을 만족시킬 수 있을까. 어느 정도까지 만족시켜야 하는지도 알 수 없지만, 인간은 그것만으로 행복해질 수 없는 동물이다. 잘살게 되면 이전보다 삶의 질이 높아졌다고 말할 수 있을지 모른다. 그러나 물질만으로 삶의 질을 말할 수 없는 것은 분명하다. 왜냐하면 안락한 주거 환경만 가지고 우리의 삶을 측정할 수 없기 때문이다.

삶의 질을 높이는 데는 여러 가지 방법이 있다. 주거환경이 좋아야 하는 것은 기본이겠지만, 가족이 화목하게 지내는 것도 중요한 요인이다. 친구들이나 이웃과 잘 지내는 것도 그 요인의 하나가 될 수 있다. 좋은 취미를 가지고, 그것을 즐기는 것도 삶의 질을 높이는 데 큰 역할을 할지 모른다. 그러나 그런 것만으로 만족할 수도 없고 삶의 질을 높일 수 없다고 주장하는 사람이 많다. 이 세상에서 제아무리 질 높은 삶을 향유해 보았자 곧 끝날 인생이기 때문이다. 이 지상에 수많은 종교가 생겨난 것도 바로 그 때문이리라.

나는 테니스 치기를 즐겨했다. 친구 중에 골프를 즐기는 사람이 많았지만 나는 경제적 여유도 따라가지 못했지만 투자하는 시간도 너무 많아 아예 엄두를 내지 못했다. 최근에는 좋아하는 테니스도 그만두지 않으면 안 되게 되었다. 다리에 이상이 생겼기 때문이다. 걸음도 제대로 못 걷는 주제에 테니스를 넘볼 형편이 못되었다. 물론 나이 때문이다. 나이 들어 신체에 고장이 생기기 시작하면 삶의 질 따위는 한가한 입놀음에 지나지 않는다. 아프지 않고 건강하게 지나는 것, 그것이야말로 가장 높은 질의 삶을 향유하는 것이다.

생각해 보니 보편적인 삶의 질이란 있을 수 없다. 자기 나름대로 선택해서 즐겨 사는 것, 그것이 질 높은 삶을 사는 것이다. 그것마저도 나이 들면 질이 높고 낮은 것조차 없다. 건강하게 사는 것, 아니, 누가 건강하게 살고 싶지 않은 사람이 있겠는가. 나이 들면 몸의 곳곳에 고장이 생긴다. 고장 난 몸을 가지고 삶의 질을 운운할 자격이 있겠는가. 나이에 순응해서 살 수밖에 없다. 그렇다. 천지 자연에 순응해서 사는 수밖에 없다.

소유의 삶과 공유의 삶

염상섭의 소설에 〈전화〉라는 것이 있다. 전화가 한국에 막 보급되던 개화기가 그 배경이다. 안주인인 젊은 마님은 남들이 가지지 못한 전화기를 들여놓자 좋아서 우쭐해진다. 그런데 전화를 받을 사람이 없다. 걸려오는 전화도 물론 없다. 이쪽에서 통화를 하고 싶은 사람은 저쪽이 아직 전화를 설치하지 않았다. 전화 오기만을 학수고대 기다릴 뿐이다. 드디어 전화가 왔다. 전화기를 사용할 수 있다는 그 기쁨 때문에 전화벨 소리마저 반갑다. 받아 보니 신랑이 잘 다니던 기생집에서 온 전화였다. 자기 요리점으로 자주 왔는데 근자에 뜸해서 전화를 걸었다고 했다. 안주인이 화가 머리 꼭대기까지 난 것은 당연하다. 다음 날로 전화를 떼어 가라고 전화국에 호통을 친다는 내용이다. 당시는 부자이거나 특수 계층이 아니면 가정집에 전화를 설치해 둔 집이 거의 없었던 시절이다. 전화를 가지고 있는 이가 드물었으니 전화를 걸 일도, 받을 일도 많지 않았던 시절이다.

전화야말로 혼자 소유해 보아야 아무 쓸데없는 물건이다. 다른 사람도 자기와 같이 소유해야만 유용한 물건이 된다. 전화는 여러 사람들이 두루 소유해야만 그 가치를 발휘하는 물건이다. 저 혼자 소유하는 것이 아니라, 함께 소유하는 것, 곧 공유(共有)가 편리하고 더 좋은 세상이 된다는 사실을 깨닫게 해 주는 문명의 이기다.

혼자 맛있는 것을 먹는 것을 좋아하는 사람이 있는지 모르겠다. 유아기에 가졌던 식습관이다. 동물들이 행하는 습관이다. 성인이 되면 함께 먹는 것을 즐긴다. 노는 것도 마찬가지다. 나 혼자만 놀이에 빠져 재미있게 노는 사람도 있긴 있다. 그러나 함께 즐기며 노는 놀이, 가령 야구나 축구, 테니스 같은 운동이 모두 그렇다. 자신이 운동선수가 되어 참가하지 않더라도 가족 친구와 함께 구경하는 것도 재미있다. 내 편만이 아니라, 상대편을 응원하는 사람들이 많은 것도 재미있다.

그런데 재물만은 그렇지 못한 것 같다. 나 혼자 소유해야 만족스러워진다. 재물을 가지는 이유는 저 혼자 마음대로 쓰기 위해서다. 먹을 것, 입을 것, 살 곳이 어느 정도 해결되면 자기가 특별히 좋아하는 취미에 돈을 쓰게 마련이다. 가령 고미술품을 모은다든지, 희귀한 우표를 수집한다든지, 아니면 자선 사업에 쾌척한다든지 하는 것으로 희열을 느끼기도 한다. 함께 기쁨을 맛보는 것은 용인되어도 함께 소유하는 재물은 아직도 별로 달가워하지 않는다. 그러나 옛날보다 함께 소유하는 재물이 점점 많아져 가고 있는 것은 사실이다. 소유하는 재물이 아니라 함께 나누는 재물로 점점 바뀌고 있다는 사실이다. 가령 박물관이나 미술관 같은 것이 점점 늘어나고 있는 추세가 그것을 말해 주고 있다. 소유했던 재물을 그런 곳에 기증하는 것도 그 추세의 하나이지만, 지방마다 식물원이나 공원을 만들어서 관광 자원으로 활용하는 것도 그러한 예에 속한다.

에리히 프롬은 《소유냐 존재냐(To have or To be)》라는 저서 속에서 두 가지 양태의 삶이 있다는 것을 우리에게 알려주고 있다. 소유의 삶과 존재의 삶이 바로 그것이다. 살기 위해서는 먹어야 하는데 그 먹을 것을 소유하는 것은 당연하다. 그러나 소유하는 것에 집착하다 보니 존재의 양태에는 등한해 버린다는 것이다. 소유의 양태와 존재의 양태는 엄연히 다른데도 불구하고 소유의 양태에만 전념하다 일생을 끝내 버리는 사람이 많다는 것이다. 장미꽃의 아름다움을 화단에서 보는 것은 존재의 삶을 즐기는 것이지만 그것을 꺾어서 내 방안에 꽂아 두고 보는 것은 소유의 형태라는 것이다.

살기 위해서 소유하는 것은 가장 기본적인 조건이 되는 셈이지만 그 조건에 오래도록 버릇이 되어 소유 자체가 사는 것의 전부인 줄 착각하고 있는 사람이 너무 많다는 뜻이다. 동물들은 먹을 것을 확보하기 위하여 필사적인 노력을 기울인다. 하지만 그 먹을 것을 인간처럼 오래 보관하는 방법을 알지 못하기 때문에 배가 고플 때만 먹이를 찾아 나선다. 그 저장의 방법이 인간과는 비교가 되지 않기 때문에 먹이가 없을 때는 굶어 죽을 수밖에 없다. 인간이 보관하는 방법은 동물과 차원이 다르다. 바로 돈으로 보관하고 그것도 복잡한 금융 시스템으로 보관하고 있다. 눈에 불을 켜고 소유하고 싶어 하는 바로 그 돈은 숫자로 변해서 존재한다. 몇 장의 지폐만 가지고 있으면 동물들이 목숨을 걸고 먹이를 구하는 그 문제를 간단히 해결한다. 아니, 돈을 가지는 것도 짐스러워 은행에 맡겨 두고 그 기록만 갖고 있으면 된다. 소유할 수 있는 것을 이렇게 기록으로 바꾸어서 설명하는 것이 다름 아닌 경제라고 할 수 있다.

동물들은 대개 제 배를 채우는 일을 최우선으로 삼고 있다. 자기 몫을 뺏길까 봐 으르렁대며 먹는다. 그런데 인간만은 함께 나누어 먹는 것을 즐긴다. 혼자 먹을 때보다 친구와 함께 나누어 먹을 때 훨씬 더 즐겁다. 어쩔 수 없이 혼자 먹을 수밖에 없을 때는 식사를 즐긴다기보다는 배를 채운다는 말이 옳은 것 같다. 굶주림을 경험해 보지 못한 사람의 배부른 소리라고 할지도 모른다. 이제 허기진 배를 채우기에 바쁜 세상은 어지간히 지나가고 있다는 생각이 든다. 하긴 아직도 굶주리는 사람들이 많아서 기부하라고 권장하는 광고가 신문이나 텔레비전에 자주 등장하고 있는 것도 사실이다.

함께 나누는 세상, 그렇다. 그런 세상을 우리는 꿈꾼다. 너는 못살아도 나만 잘살면 된다는 세상은 느리지만 바뀌어 가고 있다. 19세기를 지배했던 제국주의는 못사는 나라를 개발해 준다는 미명 아래 자국의 부를 늘기기 위해 투쟁하는 문화 패턴이다. 그 결과로 빚어진 재앙이 세계 1, 2차 대전이라고 생각한다. 세계는 그런 참혹한 재앙을 또 치르게 될까 봐 전전긍긍하고 있다. 그래서 나누어 가지면서 같이 잘사는 길을 모색하고 있다. 물론 쉽게 그렇게 되지는 않을 것이다. 그러나 대세는 분명히 그쪽으로 가고 있다.

누구나 사랑할 때는 행복하다고 말하고 있다. 그러나 그 감정을 공유할 때 그렇다. 나는 사랑하는데 저쪽은 나를 사랑하지 않으면 행복하지 못하다. 가끔 사랑한다는 말을 자신이 좋아하는 상대를 소유하는 것으로 착각하는 사람이 있다. "너는 내 거야."라든지 "나는 네 거야."라고 흔히 사랑하는 사람끼리 말한다. '사랑한다'는 말을 강조하기 위해서 하는 말이라면 그렇게 말할 수도 있겠다. 하지만 사고방식 자체가 이런 식으로 되어 있는 사람이 더러 있다. 사랑을 소유로 생각하기 때문에 그런 말을 한다면 보통 문제가 아니다. 가끔 남녀 사이에 끔찍한 사건을 저지르는 경우 이런 사고방식을 가진 사람이다. 사랑은 가지는 것이 아니라, 나누는 '행위' 인 것이다.

너무나 오랫동안 소유의 삶에 길들여져 오다 보니 그 버릇을 쉽게 바꾸지는 못할 것이다. 하지만 세상의 끝이 저만치 보이고 있는 이 시점에서 나의 버릇부터 고치는 것이 순서일 것 같다. 남과 함께 더불어 살아가는 삶. 이제부터라도 공유의 삶을 익혀 가야겠지. 함께 웅성웅성 즐겁게 살아가는 방법을 터득해야겠지. 너무 늦긴 했지만.

쌍용 둘레길

나이 들면 하루하루는 더디고 몇 년은 눈 깜박할 사이에 지나가 버린다고 한다. 요즈음 이 말을 실감하고 있다. 일산에 둥지를 틀고 살았던 것이 어제 같은데 이곳으로 이사를 와서 산 지 어느새 10년이 넘었다. 거짓말처럼 지나간 세월이다. 앞으로 내가 10년을 더 산다는 보장은 없다. 그런데도 매일매일은 참으로 지루하게 가고 있다. 특히 밤중에 깨어서 이리저리 뒤척일 때는 지루한 시간이 참 더디다.

좋아하던 테니스를 그만두고 아파트의 둘레길을 걷기 시작한 것은 그 무렵부터다. 걷는 것을 별로 좋아하지 않던 내가 단지 건강을 목적으로 해서 걷기 시작한 것이다. 친구와 이야기를 나누기 위해서 무작정 걸었던 적이 더러 있지만 순전히 걷는 것 자체만이 목적이 된 것은 처음이라는 생각이 든다. 몸을 치료하기 위하여 걷는 걸음, 일정한 시간을 정해서 혼자서 뚜벅뚜벅 걷는 걸음, 웬만한 추위나 비바람, 눈길에도 포기하지 않고 걷는 걸음이라고 생각하니 내 인생에서는 적어도 새로운 경험을 갖게 되는 걸음이다.

산다는 것도 어떻게 보면 인생이란 길을 걸어온 것을 말한다. 각자마다 다른 체험을 하면서 살아왔지만 결국에는 죽음을 향해서 걸어온 길임에는 변함이 없다. 물론 어떻게 살았느냐가 중요하다. 빛나는 삶을 산 사람도 있고, 초라한 삶을 산 사람도 있다. 인생이란 길을 다 걷고 난 뒤에는 그를 평가하는 것은 그가 살았던 삶을 놓고 평가한다. 본인은 전혀 알지도 못하지만 좋은 사람으로 평가받기를 원한다. 아니, 존경받는 사람으로 기억되기를 원한다. 하지만 대부분의 사람들은 죽는 그 순간에 영원한 망각 속에 묻히고 만다.

나는 민속촌 아파트 단지에 산다. 이 단지에는 이름이 다른 세 종류의 아파트가 있다. 그중에서 가장 나중에 지었다는 신창미션힐에 나는 산다. 이름이 다르기는 하지만 길 하나를 사이에 두고 그만그만한 규모로 지어져 있기 때문에 어느 아파트 단지에 산다고 해도 별로 다를 바가 없다. 사는 주민들도 마치 한 아파트 단지에 사는 것처럼 길을 넘나다닌다. 그중에서 쌍용아파트는 가장 먼저 짓기도 하지만 면적도 넓고 부대시설도 좋은 편이다. 내가 매일 아침 걷고 있는 이 길도 실은 쌍용아파트 둘레길이다.

살던 집을 내놓기도 전에 지금 사는 아파트를 계약해서 들어왔다. 어찌 보면 참으로 무모한 짓이었다. 나의 성격 탓이기도 하지만 그만큼 첫눈에 반한 탓도 있다. 처제네가 이 아파트 단지에 살고 있다고 해서 몇 번 와서 보라는 것을 한 번 보고는 계약한 것이다. 그때만 해도 매일 아침 테니스를 치던 때여서 단지 내에 테니스 코트가 있다는 것이 무엇보다 마음에 들었다. 동네 앞에 야트막한 야산이 있는 것도 한몫 더한 셈이다.

이사를 온 후 아침이 되면 하늘부터 본다. 테니스를 할 수 있을까 없을까를 보기 위해서다. 가끔은 하늘도 보기 전에 나섰다가 비가 내리고 있어서 도로 들어오기도 했다. 걸어서 10분도 안 되는 거리를 꼭 차를 타고 다닌다고 해서 내 차를 테니스용 차라고 아내가 비아냥거리기도 했다. 테니스에 이 정도로 미쳤으면 테니스를 썩 잘 치는 줄 알겠지만 전혀 그렇지 않다. 그 좋아하던 테니스를 할 수 없게 된 심정이야 누가 짐작할 수 있을까.

말초신경염이 나의 병명이다. 걷기가 불편해지자 걷지 않으면 안 된다는 아이러니를 겪게 된 것이다. 걸어야만 산다는 필수의 지상명령을 받은 셈이다. 어린 시절부터 운동을 좋아한 편이지만 건강을 위해서 반복해서 하는 운동에는 쉽게 염증을 느꼈다. 이를테면 역기나 아령, 맨손체조 등은 시늉만 내다가 곧 그만두곤 했다. 그런데 지금은 바로 그런 운동을 열심히 해야 한다. 걷기만 열심히 해야 한다니 건강을 위해서 쓴 약을 열심히 먹어야 한다는 이치와 같다. 테니스할 때는 거들떠보지도 않던 운동들이다. 쌍용아파트의 둘레길을 열심히 걷기 시작한 것도 바로 쓴 약을 먹는 기분으로 시작한 것이다. 그런데 지금은 전혀 다른 기분이 되어 있다.

둘레길이라는 말이 일상에서 쓰이게 된 것은 아마 최근이 아닌가 한다. 제주도의 올레길이 유명하게 된 뒤에야 둘레길에 관심을 갖게 되었다. 바다를 끼고 돌면서 걷는 길이 얼마나 좋을까 하는 상상을 하다가 몇 년 전《수필과비평》세미나가 그곳에서 열리게 되어 만사 제치고 가게 되었다. 과연 상상한 만큼 환상적인 길이 많았다. 제주도의 '올레길'이란 말이 지금은 전국적으로 쓰이고 있지만 큰 도로에서 집으로 가는 안쪽의 길이라고 한다. 제주 방언이 이렇게 유명하게 된 것은 제주도가 관광지로서 널리 알려진 탓도 있지만 지방자치제가 시행된 이래 각 고을의 수장들이 자기 마을 가꾸기에 힘쓴 탓도 있다. 육지에서는 흔히 샛길이라는 말이 이와 비슷하게 쓰이긴 했지만 뉘앙스는 분명히 다르다. 어쨌든 제주도의 올레길이 유명하게 되자 지방마다 둘레길을 만들어서 이전에 보지 못하던 문화를 시작했다. 대체로 이전부터 있던 길들을 넓히고 걷기에 편하도록 만들어서 살기 좋은 동네로 만든 셈이다. 길옆으로 나무를 심거나 꽃나무를 심어서 경관을 새로 단장한 것도 칭찬할 만한 일이다. 먹고살기에 바빴던 그 시절보다 이제 자연경관도 생활의 중요한 일부분이 되어 있는 셈이다. 선진국으로 발돋움하고 있다는 의미도 된다.

쌍용아파트의 둘레길 정도야 어디 내놓고 자랑할 만한 처지는 못 되지만 내게 있어서는 대단한 발견인 셈이다. 이전에 눈도 주지 않았던 그 길을 매일 아침 걷고부터 새로운 것을 발견했기 때문이다. 우선 숲으로 난 그 길을 걷고 있으면 이전에 듣지 못했던 새소리, '삐종 삐종' '삐 삐르르' '삣 삣 삣종', '찍찍 찌르르' '쌔 쌔 쌔르르' '쌔르르 찍 찍' '찌르르 쌕' '찍 쌔르르' 같은 소리를 듣는다. 이렇게 들리는 대로 새소리를 흉내 내어 적어 보지만, 새가 내는 소리와 인간의 소리와는 근본적으로 다르다. 옮겨 적을 수가 없다. '네이버'에서 숲 속의 새소리를 들어 보았더니 내가 들었던 그 새소리를 들을 수 있긴 하지만 맛은 전혀 아니다. 그래도 인간의 소리로 바꾸어서 적어야만 직성이 풀리는 것이라 그렇게 적어 본다. 이전에는 관심도 두지 않던 그 새소리가 전혀 새롭게 들려오는 것도 소득이라면 소득일 수 있다. 새소리에 귀를 기울이는 사이에 나는 자연이 주는 음악에 새롭게 귀를 기울이는 취미를 붙이게 된 셈이다.

둘레길을 걷고 있으면서 자주 심호흡을 한다. 그런데 바로 그때 내 앞으로 솔방울이 하나 떨어져서 또르르 구르고 있다. 바람도 없는데 웬 솔방울인가 했더니, 청솔다람쥐가 바로 뒤따라 내려와 떨어진 그 솔방울을 움켜쥐고는 저쪽으로 사라진다. 그 녀석이 제 먹이로 따서 떨어뜨린 모양이다. 아하, 녀석의 먹이가 바로 저것이구나, 하고 감탄한다.

녀석이 나무 사이를 능숙하게 건너다닌다. 오르고 내리는 모습이 절묘해서 나는 그저 경탄해 마지않는다. 아, 그래. 녀석도 새들의 노래 못지않게 나를 즐겁게 하는 한 파트를 맡고 있구나. 우리는 함께 사는 거야. 내 수명이 다할 때까지 너희들과 즐겁게 살아 보자꾸나. 나는 깊게 심호흡을 한다. 어디서 나타났는지 청솔다람쥐 한 마리가 내 앞에서 발딱 일어나서 저를 따라오라는 듯이 고갯짓을 하고 있다. 그래 우리 함께 정답게 사는 거야. 너나 나나 이 지상에 함께 살면서 이 둘레길에서 자연의 일부로서 살고 있지 않느냐. 이 숲 속에서는 나무 위로 오르내리는 네 재주가 훨씬 장하다. 박수를 보내 줄게. 작은 자연 속이지만 나름대로 우리는 각자의 삶을 즐기고 있지 않니?.

아프리카의 사자 사냥

사자나 호랑이를 흔히 백수의 왕이라고 한다. 밀림에서는 이들의 먹잇감으로 선택되면 그 짐승은 희생되어야 한다. 수백 수천의 무리가 떼를 지어 있어도 이 한 마리를 당하지 못해서 제 목숨 구하기에 여념이 없다. 따라서 이들이 나타나면 백수가 벌벌 떨게 되어 있다. 물론 사자와 호랑이의 서식지가 달라서 충돌하는 예는 거의 없다. 언젠가 사자와 호랑이가 싸우는 것을 텔레비전에서 보여 준 적이 있는데 치열하게 싸우다가 끝장을 내지 못하고 둘 다 큰 상처를 입고는 널브러져 있는 것을 보았다. 싸움도 저 정도의 희생을 치른다면 좀처럼 싸울 생각을 갖지 않을 것 같다.

이들 맹수가 먹잇감으로 약한 짐승 하나를 골라 공격해도 수백, 수천의 같은 무리는 도망가기에만 바쁘다. 만약 이들이 단결해서 반격한다면 능히 막을 수도 있겠지만 그런 예는 아주 드물다. 희생이 되는 녀석은 그게 숙명이라고 생각하는지도 모르겠다. 하기야 그들이 무슨 생각이 있을까마는 그게 자연의 먹이사슬인 모양이다.

얼마 전에 아프리카에서 인간이 사자를 사냥하고 있는 것을 텔레비전에서 보여 준 적이 있다. 인간이 사자를 먹는 것도 아니니, 순전히 놀이를 위해서 사냥하는 것이다. 거기서는 인간의 사냥 놀이를 위해서 사자를 사육한다는 것이다. 어린 사자를 사육하다가 자라면 넓은 초원에 방목한다. 방목된 사자들은 어느 정도 야성을 회복해서 다른 약한 짐승들을 잡아먹고 산다. 이들을 사냥하는 것이 돈 있는 사람들의 고급 놀이가 되는 셈이다. 총으로 쏘아서 맞히는 수도 있지만 활로 여러 번 쏘아 맞혀서 죽이는 사냥 놀이를 더 재미있게 생각한다.

그 한 마리를 쏘아 맞혀서 죽이는 재미를 맛보기 위해서 수천 수만금의 돈을 들여야 한다. 거기에서는 미국의 돈 있는 치과의사가 돈을 대어서 그런다고 했지만, 미국이나 유럽에서는 상당히 고가의 취미 생활로 취급받고 있는 것 같다. 그 방송에서 성토하고 있는 것은 사자를 잔인하게 죽인다는 사실이다. 그냥 총으로 쏘아 죽이는 것이 아니라. 활로 쏘아서 죽이기 때문이란다. 활로 쏘면 단번에 목숨이 끊어지는 것이 아니라, 여러 번 쏘아 맞혀야 한다. 쏘아 맞히는 것을 즐기는 것이니까 사자가 쉽게 죽어서는 재미가 없다.

인간을 지상의 주인이라고 한다. 야훼도 그렇게 말했으니까 종교적으로도 보장된 주인이긴 한 모양이다. 지상에 있는 모든 식물과 동물을 다 죽일 수 있고, 살릴 수 있으니 분명 주인임에는 틀림없다. 그런데 문화에 따라 먹을 수 있는 동물이 있고, 먹을 수 없는 동물이 있다. 먹을 수 없다고 생각하는 문화에서는 그런 동물을 먹고 있다면 고약하게 생각한다. 한국의 보신탕이 올림픽 기간 동안 쉬쉬 되었던 이유도 바로 그러한 이유 때문이다. 산 원숭이의 골을 파먹는 몬도가네를 보고는 고개를 절레절레 흔들던 생각이 난다.

사자를 활로 쏘아 죽이는 것을 보고 비인도적이라고 비난하는 사람들이 있지만, 사람도 마음에 들지 않는다고 걸핏하면 처형하기를 밥 먹듯 하는 북한의 정권은 어떤가. 사람은 마음먹기에 따라 몇 마리의 사자를 죽이는 것이 아니라. 몇 천, 몇 만의 인간을 순식간에 죽인다. 그것도 제 손으로 죽이는 것이 아니라, 부하를 시켜서 그러는 것이다.

지난 역사를 뒤돌아보면 사람이 사람을 죽이는 예가 어처구니없게도 많았다. 십자군전쟁이나 유럽의 백년전쟁 같은 것은 종교가 다르다고 해서 상대의 인간을 죽였다. 세계 1, 2차 전쟁은 무엇 때문에 그 많은 사람들을 죽였는지 모른다. 단번에 수백만을 죽일 수 있는 핵무기를 개발해 두고는 함께 몰살할까 봐 무서워서 쓰지 못하고 있다. 그런 무기를 개발할 수 있었던 것은 인지가 발달했기 때문이다. 인지의 발달을 축복으로 보아야 할지 저주로 보아야 할지 알 수없는 상황이다.

사자가 저보다 약한 짐승을 잡아먹는 것은 자연의 섭리다. 잡아먹지 않으면 제 생명을 유지할 수 없기 때문이다. 그런데 아프리카에서 사자 사냥을 하고 있는 사람들을 비인도적이라고 비난하고 있는 것도 사람이다. 스스로 기준을 만들어 놓고, 그 기준에 맞지 않으면 비난한다. 입이 터졌으니까 비난하는 것은 자유라고 할 수 있다. 그 기준을 적용해서 인간이 인간을 죽이는 일만은 하지 말아야 할 것이다. 역사를 뒤돌아보면 그런 일이 수없이 있어 왔기 때문에 무섭다.

돈 있는 사람에게는 아프리카의 사자 사냥이 거금을 지불하고도 아깝지 않는 놀이가 되고 있다. 사자쯤이야 그렇게 희생될 수도 있지만 인간에게 그 재미가 적용된다면 문제다.

이 지구상에는 아직도 그런 나라들이 더러 있다. 대표적인 것이 북한이지만, 탈북민의 증언에 의하면 사람 죽이기를 사자 죽이는 것보다 훨씬 쉽게 생각하는 북한의 통치자들을 생각하면 우리가 이렇게 가만히 앉아 있어도 되는지 모르겠다. 며칠 전에는 휴전선 비무장지대에 지뢰를 설치해서 젊은이 둘의 발목을 자르게 했다. 그 행위는 당장 눈앞에 전개되고 있어서 온 국민이 분노하고 있지만, 얼마나 많은 북한의 인민들이

이러 저러한 이유를 붙여 희생되고 있는가. 그저 안타깝기만 하다.

여남평등의 시대에 살면서

딸애가 "사내들은 변덕쟁이야."라고 하면서 나를 물끄러미 쳐다본다. 그렇게 말해 놓고 다시 생각해 보니 저희 아버지도 사내인 것이 마음에 걸렸던지 "아빠는 물론 빼고 말이지." 한다.

"느닷없이 무슨 소리야. 여자의 마음은 갈대와 같다는 말은 들어 보았지만 사내들이 그렇다는 말은 금시초문인데."

딸은 아니라고 고개를 절레절레 흔든다.

여자가 예쁘기만 하면 사내들은 사족을 못 쓰지만 지속성이 전혀 없다는 것이다. 더 예쁜 미인이 나오면 금방 그쪽으로 고개를 돌린다고 했다. 스타 연예인에 관한 얘기다.

예쁜 연예인이 나타나면 금방 팬 카페가 생기기 마련인데 대체로 여자 연예인은 사내들로, 남자 연예인은 여자들로 득

실거린다고 한다. 연기와는 별로 관계없이 그렇다는 말이다. 특히 사내들은 연기보다는 인물을 더 본다고 했다. 그러다가 참신한 신인이 나타나면 그리로 우르르 몰려간다는 것이다. 특히 사내들이 그런 경향이 짙다고 했다. 말하자면 남자들은 여자에 비하여 좋아하는 지속성이 훨씬 떨어진다는 것이다. 지금까지 좋아했던 연예인은 언제 보았느냐는 듯이 팽개치고 새로 나타난 스타의 카페를 만들어서 열을 올리고 있다는 말이다. 그러니 사내들을 변덕쟁이라고 부를 수밖에 없지 않느냐고 했다. 연예계에 대해서는 아는 바가 없으니 그런가, 하고 허허 웃고 말았지만 실은 속으로 좀 켕기기는 바는 있었다.

사내들이 미인을 좋아한다는 말은 흰 종이를 두고 흰 종이라고 말하는 것처럼 명백한 사실이다. 젊었을 때는 두말 할 필요도 없지만 일흔을 넘긴 나 같은 노인네에게도 그것은 어김없는 사실이다. 나와 비슷한 연배인 노인네 친구들도 만나면 수시로 예쁜 여인에 대해서 얘기한다. 그래서 결론은 "여자는 무조건 예뻐야 해. 예쁘기만 하면 어떤 잘못도 용서되거든." 예사롭게 이런 말을 한다. "예쁜 여인 좋아하시네. 백번 좋아한들 무슨 소용이 있다고. 예쁜 여인이 우리를 쳐다보기나 하겠어. 설사 쳐다본들 무슨 소용이 있어." 그렇게 자탄하고 말지만 그 속내를 우리는 다 안다.

잘생긴 사내에 대한 여인들의 열광 또한 대단하다. 잘생긴 남자 탤런트를 보기 위해서 밤을 지새우며 그 집 앞에 진을 치고 있다는 이야기를 신문에서 가끔 읽었다. 며칠 밤을 새우고도 그 얼굴조차 보지 못하는 예가 흔하다니, 그런데도 실망하지 않고 기다리는 그 끈기를 어떻게 설명해야 할지. 하지만 사내들에 비하여 여자들이 훨씬 지속성이 높다는 것이다. 이에 비하여 사내들은 그 시선이 수시로 바뀐다고 한다. 그래서 변덕쟁이라고 한다는 것이다.

중국도 스타에 대한 열기는 한국과 별로 다르지 않은 모양이다. 게다가 한류 스타의 물결이 한국보다 한술 더 뜬다고 했다. 김수현을 보라고 했다. 김수현이 대체 누구기에 그러느냐고 했더니, 아빠는 그 방면에 너무 무식하다고 했다. 최근에 인기를 독차지하고 있는 연예인이라고 했다. 중국에서 어마어마한 거금을 지불하면서 초빙해 간 스타라는 것이다. 여자들이 좋아해서 그런 인기를 누린다고 했다.

십오륙 년 전 미국에 갔을 때의 일이 생각난다. 그곳에 살고 있는 지인의 말을 듣고 한참 웃었던 일이 있다. 소학교 남학생인데, 그 엄마가 매일 아침 골치를 썩인다는 것이다. 또래의 계집애들이 매일 아침 집 앞에 찾아와 진을 치고 있기 때문이다. 소란스럽기도 할 뿐 아니라, 여간 성가시지 않다는 것이다. 사내애에게 반해서 문전을 지키고 있는 계집애들이 있다니, 참으로 어이가 없었다. 그때의 한국은 아직 그 정도까지는 되지 않았기 때문에 내게는 다만 신기할 뿐이었다.

남녀평등이 아니라 여남평등이라고 말하는 사람이 많다. 남녀평등이 지상 목표였던 것이 어느새 여자 상위시대가 되어 있는 현실을 빗대어서 하는 말이다. 좋아하는 탤런트에 대해서 열을 올리는 것은 남녀가 비슷하겠지만 그 열광의 정도와 지속 시간이 다르다는 것이다. 통계를 낸 것을 본 적이 없지만 여자들의 열광이 훨씬 우세하고 그 지속시간도 길다고 한다. 그래서 여성 팬을 많이 가진 스타는 생명이 길다고 했다.

비단 연예인뿐이 아니다. 종교인, 문인, 인기 강사들 모두 마찬가지다. 딸의 이야기를 들으면 여자들에게 인기가 있어야 그 생명이 길다고 한다. 그렇다면 여자 대학에서 근무하다가 퇴직한 나 같은 사람에게는 다행이라고 할 수 있을까. 천만에, 그도 인기 있는 교수였을 때 하는 말이다.

사실 교직에 있는 사람은 인기 탤런트와는 전혀 다르다. 교장 선생님을 아버지로 둔 어느 젊은 학자가 취직이 되어 아버지를 찾아가 인사를 드렸더니 어느 대학에 취직했느냐고 물었다고 한다. 그는 서울에서도 유수한 여자 대학이라고 자랑스럽게 말했더니, 교장 선생님의 말이 당장은 좋을지 모르지만 수확이 좀 걱정이군, 하고 말했다는 일화가 있다. 그때는 그렇게 생각했을 수도 있다. 하지만 그 교장 선생님이 좀 모르는 소리를 한다고 퉁을 주고 싶다. 남녀평등이 아니라, 여남평등이 되어 가고 있다는 사실을 미처 깨닫지 못하고 있다는 사실 말이지.

우선 나의 경우를 보자. 해마다 스승의 날이 돌아오면 내 옛날의 제자들이 꼭 나를 찾는다. 그리고 그날만은 극진한 대우로 나를 모신다. 술대접을 받아본 적은 물론 없다. 제자들이 모두 얌전한 규수들이어서 술을 하는 사람이 한 사람도 없기 때문이다. 다행인 것은 나도 술은 별로인 점이다. 분명한 사실은 그 교장 선생님이 예측한 것처럼 수확이 없다고 걱정할 필요가 전혀 없다. 아니, 여남평등이 되어 있는 사실이 내게 있어서만은 반드시 불리한 형세가 아니라는 것 말이다. 변덕쟁이인 남자들에 비하여 여자 제자들은 처음 마음 그대로 이 못난 스승을 챙겨준다는 사실 말이다. 얼마나 다행한 일인가.

영월 문학 기행

오전 8시 정각까지 압구정동 현대백화점 주차장으로 오라고 했다. 집에서 6시 반쯤 출발하면 되겠지 생각했다. 그러나 마을버스를 타고 전철을 세 번이나 갈아타다 보니 약속된 시간이 이미 지나고 있었다. 현대백화점에 거의 가까워오자 송현호 교수로부터 전화가 왔다. 모두들 다 나와서 나를 기다리고 있다는 것이다. 정확하게 12분이 늦었다. 나는 죄송하다는 말을 연발하면서 버스 안으로 들어섰다.

춘원문학연구회에서 기획한 영월 문학기행을 위해서 이렇게 일찍 나온 것이다. 나로서는 영월로 가는 첫 나들이다. 일반으로 가는 영월 길이면 고속도로 가겠지만, 오늘은 이전의 구도로로 간다고 했다. 꼬불꼬불 산골길을 타고 가는 버스 안에서 영월은 첩첩산중이라더니 과연 그렇구나 하고 혼자 감탄인지 한숨인지 내뱉고 있었다. 우리가 타고 가는 버스는 우람한 신형 버스였다. 영월 산골길에는 어쩐지 어울리지 않은 버스 같았다. 영월이 고향이라는 성신여대의 송영순 박사가 안내를 하고 있어서 안내자 한 분은 제대로 모신 셈이었다.

이번의 문학기행은 춘원이 쓴 〈단종애사〉의 지명을 둘러보고 그 문학사적 의의를 음미해 보자는 취지에서였다. 바로 어제(9월 27일) 춘원연구회에서 연구발표회를 가졌던 바다. 그 모임에서 적지 않게 놀란 것은 내 예상과는 달리 나이 많은 사람들이 많이 참석하고 있다는 사실이었다. 오늘의 문학기행도 육칠십대 노인들이 대부분이었다. 그런데 그분들이 잠깐씩 쏟아내는 말을 들어보니 춘원에 대해서는 모두 일가견이 있는 사람들이었다. 더구나 그 사람들의 대부분이 문학을 전업으로 하고 있지 않다는 사실이다. 문학을 전공하는 학자들은 의외로 적었다. 나도 이번 모임에 처음으로 참가하는 셈인데 초대 춘원연구회 회장인 김용직 형과 현 회장인 윤홍로 군이 이끌고 있다기에 어떻게 하고 있나 궁금해서 나온 것이다. 특히 윤홍로 군의 간곡한 청이 가슴에 남아 있었기 때문이라는 것이 더 정확한 말이다.

가는 길에 제일 먼저 들른 곳이 어음정(御飮井)이었다. 단종이 삼촌인 수양대군에게 왕위를 찬탈당하고 노산군으로 강등되어 영월로 귀양 오는 길에서 목이 말라 물을 마셨다는 곳이다.

우물을 내려다보니 아주 깊다. 저 밑으로 아득히 고인 물이 보였다. 지금 길어 올려서 마셔도 충분히 마실 수 있는 물 같다.

다음에 들른 곳이 배일처(拜日處)라는 곳이다. 단종이 이곳에 왔을 때 서산으로 해가 기웃기웃 지고 있었다는 것이다. 서울을 향해서 눈물을 흘리며 해를 쳐다보며 자기 신세를 한탄했다는 고갯길이다. 만감이 교차하고 있었을 그의 가슴속을 상상해 보니 새삼스럽게 나까지 가슴이 아렸다.

고갯 마루에서 영월 시내로 내려가면서 청령포가 어디 있는지 대략의 위치를 알려 주었다. 점심때가 되었으니 금강산도 식후경이라고 배부터 채워야 했다. 송영순 박사가 추천한 식당으로 영월 시내에 있는 이층 식당으로 올라갔다. 곤드레 나물밥을 먹게 되어 있었던 모양이었다. 송영순이 적극 추천하는 것으로 부식으로 딸려 나오는 김치메밀전은 절대로 남겨서는 안 된다고 했다. 점심을 마치고 나오면서 나는 그 메밀전의 맛에 대해서 혼자말로 "맛없는 것 같은 것이 맛이 있네." 라고 했더니, 옆에서 듣고 있던 친구가 그런 말이 어디 있어, 라고 퉁방을 주었다. 사실이 그랬다. 메밀도 그랬지만, 백김치도 별 맛이 있을 리 없다. 그런데 거듭 먹으면 고향 생각이 날 듯한 맛이었다.

다음은 단종의 유배지였던 청령포에 들렀다. 단종의 적소(適所)가 있었던 곳은 줄배로 타고 들어가야 하는 모양이었다. 사람들이 줄을 서서 기다리고 있었다. 금방 건너기는 했지만, 그 옛날 어떻게 이런 적소를 발견했을까 너무나 신기했다. 삼면이 강으로 둘러싸여 있고 한곳은 절벽의 산으로 되어 있는 곳이다. 누가 지키고 있지 아니해도 도망치지 못할 곳이다. 소나무들이 울창하게 서 있었다. 안내자의 설명에 의하면 그 소나무들이 모두 모두 몸을 굽혀 절을 하고 있는 형상이라고 했다. 그런데 그중에 몇 그루만 배신하는 형상을 짓고 있다고 했다. 한번 찾아보라고 한다. 그러고 보니 소나무의 형상들이 그러한 듯이 보였다. 바람이 그러한 형상을 만들었겠지만, 단종에 얽힌 설화가 그렇게 보이도록 사람들의 마음을 움직인 것이다.

다음은 단종의 능묘가 있는 장릉(莊陵)에 들렀다. 관광객을 위해서 잘 꾸며 놓았지만 자료가 많을 리는 없다. 능은 야트막한 산의 제일 위쪽에 위치하고 있었다. 나는 다리가 시원치 않아 별로 높지 않은데도 다른 사람의 도움으로 간신히 올라가 보았다. 영월에 위치해 있으니까 이곳도 관광 코스의 하나가 되어 있는 모양이다. 단종이 승하하고 60년이 지나 중종 때 봉분을 갖추어 지금의 능 모습을 갖추게 되었다고 한다. 단종으로 복위된 것은 80년이 지나 숙종 때 이루어졌다.

그가 남겼다는 자규시(子規詩)를 읽어 보면 구구절절이 애달프다.

원통한 새 한 마리가 궁중을 나오니
외로운 몸 그림마저 짝 잃고 푸른 산을 헤매누나
밤은 오는데 잠들 수가 없고
해가 바뀌어도 한은 끝없어라
새벽 산에 울음소리 끊어지고 달이 흰 빛을 잃어 가면
피 흐르는 봄 골짜기에 떨어진 꽃만 붉겠구나
하늘은 귀먹어 하소연을 듣지 못하는데
서러운 이 몸의 귀만 어찌 이리 밝아지는가
一自寃禽出帝宮
孤身隻影碧山中
假眠夜夜眠無假
窮恨年年恨不窮
聲斷曉岑月白
血流春谷落花紅
天聾尙未聞哀訴
何奈愁人耳獨聽

열일곱 살의 단종이 지었다고는 생각되지 않을 만큼 애절한 시다. 기막힌 신세가 되면 가슴에 뭉친 애소가 저절로 시가 되는지 알 수 없다. 조선조 오백 년 동안 충절인의 가슴에 한이 되어 서려 있었던 이야기를 영월은 그 지명으로 풀어내고 있다.

제3부

저만치 가는 사랑

예쁜 여자

둘째딸이 지나가는 말로 "사내들은 예쁜 여자만 보면 왜 사죽을 못 쓰고 그 야단인지 모르겠어." 라고 던진다. 내가 그 말을 듣고 멋쩍게 웃고 있으니까, "아빠는 제외하고 말이지." 라고 한다. "아빠도 예외는 아니었어."라고 말하려다 입을 다물었다. 사회적 지위나 인품으로 보아 도저히 그렇지 않을 사람이 젊은 여성을 집적거려 말썽을 일으키는 것을 보고 하는 말이었다. 그렇다. 나도 그 파렴치한 사내의 족속에 속하지 않는다고 단언하기는 어렵다. 다만 행동으로 옮기지 않았을 뿐이다. 지금은 그러고 싶어도 그럴 수 없다. 예쁜 여성을 보아도 사족을 묶어둔 듯이 점잖다. 그렇다고 눈까지 아주 점잖은 것은 아니다. 예쁜 여자는 아직도 예쁜 여자로 보이니까 말이다.

이따금 젊은 날을 뒤돌아보면서 얼굴에 불을 끼얹은 듯이 화끈하게 달아오를 때가 있다. 그것도 한 번이 아니고 여러 번이다. 까딱했으면 큰일을 저지를 뻔한 일을 그 직전에 멈춘 적도 있다. 멈추었기 때문에 내 체면은 구겨지지 않았고, 점잖은 사내로 남을 수 있었던 것이다. 그것을 지금도 솔직하게 말할 수 없다. 일은 저지르지 않았지만 아하, 그런 사내였구나 하고 비웃음이 따를까봐 그렇다. 사실은 내 윤리관 때문이 아니라, 용기가 없어서 행동에 옮기지 못했다고 말하는 것이 더 솔직하다.

최근에 여친이 헤어지자고 해서 살해했다고 자백한 사내가 있었다. 이런 경우가 한두 번이 아니다. 이전에는 매스컴이 널리 보급되지 못해서 보도가 되지 않았던 것으로 생각된다. 여자 친구를 죽이고 스스로 목숨을 끊을 결심이었다고 말하는 경우도 더러 있다. 자살하지 못하고 체포되어 범죄인이 된 셈이다. 연인을 너무 사랑한 것이 죄라고 말한다. 사랑이 그의 인생을 망친 셈이 된다. 나의 이 열렬한 사랑을 너희 녀석들이 어찌 감히 알겠느냐고 속으로 큰소리치고 있을지도 모른다. 그렇게 열렬한 사랑을 지닌 사람이라고 얼굴에다 써 붙이지 아니했으니 어찌 알 수 있을까. 이런 경우가 많이 일어나면 어찌 겁이 나서 사내를 사귈 수 있을까. 너무 열렬히 사랑하는 남자들은 아예 조심하라고 부모나 교사가 매일 당부해야 할까.

그와 반대로 좋은 감정은 갖고 있었지만 숫기가 없어서 우물쭈물하다가 사랑의 대상을 놓쳐버리는 경우도 있다. 내가 바로 그랬다. 그러니까 사귀어 보아야 사랑도 싹트는 법인데 좋다는 말 한마디 못하고 우물쭈물하는 사이에 다시 만날 기회마저 사라져 버린 것이다. 좋아했지만 그 마음을 결국 전하지 못해서 인연으로 이어지지 못했던 경우를 말한다. 요즘 드라마에서 보면 "나 너와 사귀고 싶어."라고 분명하게 밝히는 젊은이들을 많이 본다. 시원한 답을 듣지 못하더라도 그렇게 해서 사귀는 단초를 여는 경우가 많다. 그 말이 무슨 대단한 말이라고 그 말을 못했을까 하는 생각도 들지만 그게 젊었을 때의 모습이었다. 흔히 숫기가 없는 사람이라고 말한다.

7년 동안 좋아했지만, 그 말을 못해서 친구에게 좋아하는 사람을 뺏기게 된 드라마가 지금 방영되고 있다. 극을 재미있게 꾸미기 위해서 만든 구성이겠지만 사실 그런 경우도 얼마든지 있다. 극 중의 인물은 여성이지만 남성 쪽도 마찬가지다. 자주 만났는데도 그런 눈치를 채지 못하고 다른 여성만 바라본 사내도 마찬가지다. 말을 하면 그나마 가지고 있던 우정도 깨질까 두려워서 못했다는 사연이다.

좋아하는 경우와 사랑하는 경우는 전혀 다르다. 좋아하는 관계는 당연히 사랑하는 관계로 발전하게 마련이지만 끝까지 좋아하는 관계에서 멈추어 버리는 경우도 흔하다. 그래서 이성 간에는 좋아하는 관계와 사랑하는 관계가 구별된다. 이성 간에는 일방적으로 좋아하는 경우가 더러 있다. 물론 그것을 사랑으로 착각하고 행동하다가 그나마 유지되었던 우정도 깨지는 경우도 있다. 가끔 상대방이 사랑을 보여주지 않는다고 극단적인 행동을 취하는 경우도 있다. 대개는 불행한 사태로 끝을 맺는 수가 있지만 드물게는 그렇게 해서 결혼을 하는 수도 있다.

사랑의 감정을 갖지 않은 상대에게는 끈기가 절대로 필요하다. 나는 일찍부터 그 끈기가 부족함을 스스로 깨닫고 있지만 성격에서 연유하기 때문에 고치기가 어렵다. 그래서 선을 보고 결혼하게 되었지만 그 끈기의 부족은 내가 꼭 이루어야 할 일도 이루지 못한 경우가 많다. 가끔은 끈기가 집착으로 굳어져서 불행한 결과를 낳는 수도 있다. 어느 유명한 배우를 17년간이나 스토킹했다는 보도를 본 적이 있다. 그 정도가 되면 사랑이라기보다 병이라는 말이 옳다. 상대의 감정은 전혀 고려하지 않고 자기 감정에만 집착하면 그 결과가 어떻게 될까. 그 사내는 아무때나 느닷없이 나타나서 좋아한다고 말했다니 당사자는 얼마나 당황스러웠을까. 그런 식의 표현도 본인은 사랑이라고 우길지도 모른다.

좋아하는 스타의 집 근처에서 몇 날 밤을 지새우면서 지키고 있는 팬들이 있다고 한다. 그런가 하면 공항까지 몰려가서 그 얼굴을 보겠다고 야단을 피운다니 웃음이 나오지만 그들에게는 매우 진지한 듯하다. 내가 늙어서 그런가, 사는 의미가 달라서 그런가. 자기를 쳐다보지도 않는 사람을 위해서 열성을 피우는 사람들을 순수하다고 보아야 할까, 어리석다고 보아야 할까.

인기 있는 스타들에게는 엄청난 돈을 들여서 CF 모델로 채용한다. 사용하는 기업가들도 그만한 가치를 느끼니까 그러겠지만 바로 이런 것이 자본주의로구나 하는 생각도 든다. 사회주의를 통치 이념으로 내세우고 있는 중국이지만 근래 유커들이 한국에서 하는 짓을 보면 통치 이념과는 아무 상관없는 듯이 보인다. 사람의 본성이 본래 그런 모양이다. 중국도 한국의 인기 있는 스타들에게 지불하는 돈이 엄청난데도 불구하고 그들을 CF 모델로 채용하고 있다. 묘한 아이러니를 느낀다. 찢어지게 가난한 서민들이 아직도 수두룩한 데 이웃 나라 한국의 스타들에게 엄청난 돈을 지불하고 있다니. 참 묘한 세상이다. 예쁜 여자에게 사족을 못 쓰는 남자 팬들이 많아서 그런지 여성 팬이 많아서 그런지 잘 모르겠다. 집단으로 저렇게 미쳐 돌아가니, 딸이 '사내들이란' 말도 아무 의미 없게 되었다.

흔히 여자의 마음은 갈대와 같다고 한다. 수시로 변하는 여자의 마음을 빗대어서 하는 말이다. 여자의 마음이 잘 변하는지 남자의 마음이 잘 변하는지 통계를 낸 것을 보지 못해서 나는 잘 모른다. 그러나 딸은 남자가 훨씬 더 심하다고 주장하고 있다. 스타들에 대한 팬들의 성향을 보면 안다고 했다. 그 열성이 여자들은 비교적 오래가는 데 비해 남자들은 그렇지 못해서 수시로 바뀐다고 했다. 예쁘고 매력인 여성 스타가 나타나면 사내들은 금방 마음을 바꾸어 버린다고 했다. 반면에 여성들은 한 스타에 대한 열성을 비교적 오래 간직한다는 것이다. 그런 점에서 남자 쪽이 변덕이 더 심하다고 했다. 배용준 때문에 아직도 남이섬을 찾는 일본 여성들이 많다니 그럴 만도 하다.

"너 없으면 나는 죽고 말거야."라고 흔히 연인에게 말한다. 그만큼 자기의 사랑은 강렬하고 변함이 없다는 뜻이다. 꼭 이와 같은 말이 아니더라도 비슷한 말로 자기의 열렬하고 변함없는 사랑을 강조한다. 남자들이 이 말을 더 많이 쓰는지, 여자가 더 많이 쓰는지는 조사해 본 바가 없어서 잘 모르겠다. 아마도 짐작건대 표현은 남자들이 더 자주 쓸 것 같고, 행동으로는 여자들이 더 많이 옮길 것 같다. 에이, 그 옛날이야기 하네, 핀잔을 준 친구가 있었다. 요즘 젊은이들은 그 반대야, 라고 말한다. 나 또한 그렇게 열렬한 사랑을 해본 적이 없어서 그 또한 모르겠다.

내 경험으로는 "너 없이 나는 못 살아, 네가 없으면 나는 죽을 거야."라고 자주 입으로 뇌는 사람일수록 실제로는 그렇지 못한 예가 더 많다고 생각한다. 상대의 귀를 즐겁게 하기 위해서 하는 소리다. 사랑한다고 쉽게 표현하지 못하는 사람일수록 마음속의 사랑은 더 오래가는 것이 사실이다. 어느 한 사람에게 사랑을 쉽게 표현할 수 있는 사람은 다른 사람에게도 쉽게 표현할 수 있는 법이다.

결혼이란 동물로 말하면 짝짓기라고 할 수 있다. 인간만이 그 행위를 고상하게 결혼이라고 말한다. 둘 사이에 '사랑'이란 고상한 행위가 없으면 그 형태가 어떠하든 '불량'(不良)으로 취급한다. 둘 사이에 '돈'이 매개가 된다든지, 가문이나 지위가 매개가 되면 불량한 혼인이라고 우리는 말하는 것이다. 실제에 있어서는 전혀 그렇지 못한데 말이다.

동물의 짝짓기는 여러 가지 형태가 있다. 다양한 형태로 짝짓기를 하도록 조물주가 창조했지만, 거미의 짝 짓기는 참으로 괴상하다. 짝짓기가 끝난 다음에 수놈은 암놈에게 잡혀 먹힌다는 사실이다. 수놈은 목숨을 바쳐서 암놈을 사랑한 셈이다. 암놈은 즐기기도 하고 배를 채우기도 했다. 성욕을 채운 뒤에 야금야금 입맛을 다시고 있을 암놈을 생각하면 웃음이 나온다. 이야말로 목숨을 바쳐서 사랑한 수놈과 욕구도 채우고 맛있는 성찬도 즐길 수 있는 암놈의 짝짓기는 어떤 아이러니로 보아야 할까.

예쁜 여자라면 사내들은 사족을 못 쓴다는 말을 나도 부인

할 자신은 없다. 행동으로 옮기지만 못했을 뿐 나도 그중의 한 사람이기 때문이다. 예쁜 여인에 미쳐서 맹랑한 짓을 해본 적이 없다는 것을 다행으로 여겨야 할까, 못나서 감히 엄두도 내지 못했다고 할까. 최근 유명한 영화감독이 젊고 예쁜 배우와 사랑을 나누는 사이가 되었다고 해서 매스컴에서 난리다. 그는 예술로 먹고 사는 사람이라 그럴 만도 하다는 생각이 든다. 나는 그보다 나이도 훨씬 위인데다가 유명한 예술가가 아니라서 감히 엄두도 낼 수 없는 일이다. 하지만 이 나이가 되어도 예쁜 여자에게 염치없이 눈길이 쏠린다는 것은 무엇을 의미하는가. 그래, 아직도 내가 사내라는 뜻이 아닌가. 그 자체를 굳이 부인할 필요는 없을 것 같다. 아, 그렇다. 마음만이 아니라, 정말로 사족을 못 쓰는 그런 사내가 될 수 있다면, 아니, 그런 젊음을 되찾을 수만 있다면 욕을 좀 먹은들 어떠리. 상관없다. 상관없다. 내 젊음이 더 중요하니까.

유머

처칠이 처음으로 하원의원에 출마했을 때 상대방 후보는 이렇게 비방했다고 한다. “처칠은 아주 형편없는 늦잠꾸러기라고 해요. 저렇게 게으른 사람을 의회에 보낸다면 무슨 일을 할 수 있을까 심히 걱정이 되는데요.” 처칠은 아무렇지도 않는 듯이 태연히 이렇게 받았다. “참 모르시는 말씀도 하시는군요. 여러분들도 나같이 예쁜 아내와 산다면 아침에 결코 일찍 일어날 수 없을 것입니다.” 듣고 있던 청중들이 일제히 폭소를 터뜨리고 말았으니 상대방의 공격은 아무 성과를 거두지 못했다. 사실 처칠이 정말 늦잠꾸러긴지, 그의 부인이 대단한 미인인지 대해서는 알려진 바도 없고, 중요하지도 않다. 다만 이 유머 때문에 처칠은 거기 모인 군중들에게 더 많은 인기를 얻게 된 셈이다. 상대방의 공격을 유머로 받아넘겨서 오히려 자신에게 더 많은 호감을 갖게 한 것이다. 이때의 유머는 그의 생활 속에 숨어 있던 위트에서 발휘된 것이다.

말 그 자체만으로 우리들을 즐겁게 하지만, 말할 때의 표정과 그 여유를 함께 보여주고 있어서 그의 유머가 더 큰 효과를 발휘한다. 처칠은 평소 시가를 물고는 빙긋이 웃고 있는 모습으로 우리에게 인상 지워져 있다. 그의 유머에 이 여유가 함께 있어야 한다. 항상 얼굴을 찡그리고 있는 사람이 멋진 유머를 썼다고 해서 웃을 사람은 별로 없다. 아니 웃긴 웃지만 뒷맛이 쓰다. 유머를 잘 쓰는 사람을 실없는 사람으로 보거나 허튼사람으로 보는 경우도 있다. 사실만 말해도 부족한 세상에 왜 쓸데없는 허튼소리까지 하느냐고 하는 사람도 있다. 소설은 절대로 읽지 않는다고 말하는 사람과 같다. 그런 사람은 사실만 알기에도 바쁜 세상에 왜, 일에 소용도 닿지 않는 말을 하면서 보내느냐는 생각이다. 인간에게 예술은 아무 필요 없이 시간을 소모하는 일이라고 주장한다. 그렇게 말하고 있으면서도 때로는 그 쓸모없는 예술에 잠깐씩 시간을 뺏기는 경우를 본다.

유머는 기계의 윤활유 같은 것이라고 말한다. 아무리 좋은 기계라도 윤활유 없이 계속 작동시키면 망가지고 마는 이치와 같다. 실제로 우리들의 생활에 있어서도 꼭 필요한 말만 하고 사는 사람과 같이 있기가 매우 불편한 것도 그 때문이다. 말을 잘 하지 않는 사람이라고 해서 유머가 없는 사람이라고 말하기는 어렵다. 이따금 행동으로 유머를 던지고 있는 사람이 있다. 당시는 전혀 우습지 않았지만 돌아와서 곰곰 생각하면 자꾸만 웃게 하는 사람도 있다. 말을 많이 하지만 지루하기만 한 사람이 있는가 하면, 입을 꾹 다물고 있다가 한마디 던지는 말이 분위기를 일시에 바꾸어 버리는 사람도 있다.

모든 말이 그러한 것처럼 유머는 컨텍스트(상황)에 맞아야 그 힘을 발휘한다. 컨텍스트에 맞지 않은 유머는 오히려 화를 불러일으킨다. 얼마 전에 친구에게 유머로 던진 말을 사실로 알아듣고 심각한 언쟁으로 발전할 뻔한 일이 있었다. 농담을 잘 받던 사람이 갑자기 그렇게 돌변하니까 모였던 친구들이 당황할 수밖에 없었다. 농담이 농담으로 전달되지 못하고 사실로 전달되었기 때문이다. 같은 컨텍스트(context)에 있지 못했기 때문이다.

유머와 농담은 같은 말로 쓰이기도 하지만 상황에 따라 다른 뉘앙스를 지니고 있다. 물론 영어와 우리말의 어감 차이로 그러기도 하지만 단순히 웃기기 위해서 하는 말을 농담이라고 한다면, 웃고 난 뒤에도 어떤 깨달음과 연관되어 있다면 유머라고 할 수 있다. 물론 혼용해서 쓰는 경우도 흔하다. 처칠의 이 일화도 단순히 웃기기 위해서라면 우리들의 기억 속에 오래 남지 못했을 것이다.

유머는 대체로 웃음으로 유도하지만, 그 효과는 전혀 다르게 나타나는 경우도 흔하다. 다음과 같은 두 개의 성질이 다른 유머를 음미해 보자.

남편이 진정으로 자기를 사랑하고 있는지 어쩐지 알고 싶어 안달이 난 부인이 퇴근해서 곧장 집으로 온 남편에게 이렇게 물었다.

"자기야! 결혼 전에 사귀던 여자가 있었어? 솔직히 말해봐."

"응. 있었지."

"정말 사랑했어?"

"응. 뜨겁게 사랑했지."

"뽀뽀도 해봤어?"

"해봤지."

아내는 드디어 화가 머리끝까지 치밀어 올랐다.

"지금도 그 여자 사랑해?"

"그럼 사랑하지. 첫사랑인데."

열이 바짝 오른 아내가 소리를 꽥 질렀다.

"그럼 그년과 결혼하지 그랬어!"

그러자 남편이 빙그레 웃으며 말했다.

"그래서 그년하고 결혼했잖아."

이 말을 다 듣고 난 아내가 어떤 표정을 지었을지 매우 궁금하다. 화를 더 냈을지, 아니면 감격해서 남편을 껴안고 볼에다 키스라도 퍼부었을지 모르겠다.

다음과 같은 일화도 있다.

남편이 회사에서 퇴근해 돌아와 아내에게 약간 미안한 듯이 말했다.

"내일 총각인 후배 두 명을 집으로 저녁 초대를 했어요."

이 말을 들은 아내는 몹시 화가 났다.

"뭐라고요? 그걸 왜 당신 마음대로 결정하는 거에요? 청소도 잘못하고, 요리도 할 줄 모르는 나를 잘 알면서 말이지요. 게다가 우리 부부는 참 재미없이 지내는 부부잖아요. 내가 억지로 애교를 부린다고 정다운 부부로 보이겠어요? 이렇게 사는 것도 진절머리가 나는데 후배들에게 보여주기까지 하라고요?"

그러자 남편이 다 알고 있다는 듯이 시큰둥하게 대답했다.

"응, 나는 그런 것을 이미 잘 알고 있어."

남편의 말에 더욱 화가 난 아내가 말했다.

"뭐라고요? 다 아는데 왜 초대했다는 말이오."

그러자 남편의 대답은 매우 천연스러웠다.

"그 자식들이 하도 결혼하고 싶다는 바보 같은 소리를 하잖아. 눈으로 보여주어야 알 것 같아서…."

아내는 더욱 화를 냈을까, 아니면 어처구니없이 웃었을까.

유머는 유머이지만 가시가 들어 있는 유머도 있다. 항상 웃음만 선사하는 것은 아니다. 때로는 듣는 사람으로 하여금 가슴이 서늘하도록 느끼게 하는 경우도 있다. 일제의 형사들에게 던진 이상재 선생의 유머는 아주 유명하다. YMCA에서 선생이 청중을 모아놓고 한참 강연에 열중하고 있을 때다. 형사들이 무슨 불온한 말을 하는지 듣기 위해서 마치 청중처럼 그곳에 함께 끼여서 듣고 있었다. “어허, 개나리들이 철없이 많이 피었군!” 선생은 장내를 둘러보면서 이렇게 말했다는 것이다. 청중들은 그 말을 알아듣고 와르르 웃었다고 한다. 당시 한국 사람들은 일본 순사들을 비꼬아서 ‘나리’라고 불렀다. 우리말의 접두어에 ‘개’자를 붙이면 대개 좋지 못한 말이 된다. ‘나리’에 ‘개나리’가 있고, ‘헤엄’에 ‘개헤엄’이 있는 것과 같다.

또 이런 일화가 있다. 친일 고관들이 많이 참석한 곳에 초대받아 가셨던 모양이다. 고관들을 죽 둘러보면서 이렇게 말했다는 것이다. “여기 계신 높으신 분들, 제발이지 살기 좋은 일본에 가서 사신다면 얼마나 좋은 일이겠습니까. 이분들은 나라를 망하게 하는 데는 선수들이니까요.” 듣고 있던 사람들이 웃지 않을 수 없었지만, 가슴이 조마조마했다는 것이다. 웃긴

웃어도 비수가 들어있는 유머가 있다.

영국의 저명한 극작가 버나드 쇼가 임종 무렵에 이런 말을 했다고 전해지고 있다. "우물쭈물하다가 내 이 꼴이 될 줄 알았어." 아무리 버나드 쇼이지만 임종에서 이런 말을 할 수는 없을 것이다. 아마도 죽음이 임박했다고 느낀 쇼가 남겼을 것으로 생각된다. 어쨌든 그의 묘비명에 새겨진 말은 이렇다. "살 만큼 살았다는 것을 충분히 알고 있었으니까 이런 일이 일어날 줄 알았어." (I knew if I stayed around long enough, something like this would happen). 오역을 했다고 주장하는 사람도 있는 모양이지만 내가 보기에는 번역이 썩 잘되었다. 그래서 번역자를 반역자(trator)라고도 하고 창작자(creator)라고도 하는 모양이다.

나도 가끔 실없는 농담을 던질 때가 있다. 그러나 그 말을 내 의도와는 전혀 다르게 받아들일 때는 난감한 지경에 빠진다. 말재간이 없다는 것을 나 자신도 이미 잘 알고 있지만 실없는 농담을 던질 때가 있다. 듣는 상대가 곱게 들어주면 다행인데 이미 마음이 꼬여 있거나 나를 밉게 보고 있으면 고약한 말로 나를 쏘아붙인다. 난감해질 수밖에 없다. 아하, 나야말로 컨텍스트에 맞지 않는 말을 던졌구나, 하고 스스로를 질책한다.

적절한 유머를 써서 그 자리에 있는 사람을 활짝 웃기는 사람을 보면 참으로 부럽다. 천성으로 말재간이 있어야 한다. 그러나 그보다 더 중요한 것은 말없이 보여주는 유머가 더 감동을 준다.

어떻게 보면 사는 것 자체가 유머인지 모르겠다. 우주라는 공간 속에서 인간이라는 한 작은 존재가 되어 웃고 떠들고 화내고 슬퍼하다가 문득 어느 날 이 세상을 떠나는 것, 그것이 유머가 아니고 무엇이겠는가. 나를 만났던 일, 나와 다투었던 일, 나와 즐거운 담소를 나누던 일, 그 모든 일이 마음속에 남아서 즐거운 추억이 될 수 있다면 그보다 더 좋은 유머가 어디 있겠는가.

저만치 가는 사랑

한국 강토에서 〈아리랑〉만큼 널리 유포되어 있는 민요도 드물 성싶다. 흔하게 부르기도 했지만 최근에는 외국인이 한국 노래를 청하면 "또 〈아리랑〉이야?" 시들하게 생각하는 것도 사실이다. 그렇지만 뒤늦게 알려져서 그런지 외국인들은 요즘 들어 한국을 대표하는 민요로 〈아리랑〉을 꼽고 있다. 유네스코 무형문화재로도 등재된다니, 더 반갑다.

아리랑 아리랑 아라리요 / 아리랑 고개를 넘어간다
나를 버리고 가시는 님은 / 십 리도 못 가서 발병 난다

지방마다 조금씩 버전이 다르기는 하지만 가장 보편적으로 부르고 있는 〈아리랑〉은 이것이다. 곡조나 노래 가사 모두 애

잔한 정감을 불러일으키고 있지만 때로는 신나는 일에도 〈아리랑〉을 부를 때도 있다. '아리랑' 이란 말이 과연 무엇을 의미하는지 오래전부터 학자들 간에는 많이 논란이 되어 왔다. '아리랑 고개' 라고 했으니, 어떤 지방의 고개 이름일 것이라고 말하는 사람도 있다. 대표적인 분이 저명한 사학자 이병도 박사이고, 그 지명을 황해도 자비령(慈悲嶺)일 것이라고 추단하고 있다. 그런가 하면 아무 의미가 없이 단지 흥을 돋우기 위한 후렴에 불과하다는 사람도 있다. 가끔은 아주 희한한 가설을 내세워 우리를 웃기는 사람도 있다. 하지만 내가 주목하는 말은 '간다' 는 말이다. 어째서 '온다' 가 아니고 '간다' 일까. 만약 "아리랑 고개를 넘어온다"고 했다면 이 민요의 맛이 전혀 살아나지 않을 듯하다.

이곳에서 저곳으로 이동해 갈 때 쓰는 말이 '간다' 라면, 저곳에서 이곳으로 이동해 올 때 쓰는 말은 '온다' 다. 서양에서는 '간다' 는 말보다 '온다' 는 말을 더 자주 쓰는 듯이 보인다. 당신이 있는 곳을 "지금 가고 있어."라고 우리는 말하지만, 서양 사람들은 "지금 당신에게 오고 있어."라고 말한다. 이동해 간 그곳에서의 일이 더 중요하다고 생각하고 있는 것이다. 그러니까 서양은 지나간 일보다 오고 있는 것이 더 중요하다는 뜻이다. 반면에 우리는 지나간 일이 더 가슴에 남는다.

우리의 시나 노래에서도 '온다' 는 말보다 '간다' 는 말을 더 많이 쓰고 있다. '온다'는 말보다 '간다'는 말에 더 애정을 가지고 있는 듯하다. 아니, 차라리 숙명 같은 것을 느끼고 있는 것은 아닐까. 가는 미학은 소월의 시 〈진달래꽃〉에서 절창을 이루고 있다. 그 짧은 시구 속에서 우리의 가슴을 파고드는 정감이 스며있다. "나 보기가 역겨워/ 가실 때에는/ 말없이 고이 보내드리우리다/ 영변에 약산 진달래꽃/ 아름따다 가실 길에 뿌리우리다/ 가시는 걸음걸음/ 놓인 그 꽃을/ 사뿐히 즈려밟고 가시오소서." 이미 떠나가 버린 세월, 떠나가는 임과의 추억, 그때를 회상하면서 사무치는 상념이 더 많다. 애잔하고 아름답고 달콤한 사연들, 그것이 지금 가슴에 사무치고 그리운 것이다.

한용운의 시 〈님의 침묵〉 역시 가 버린 임에 대한 안타까움으로 시작한다. 시집 권두의 첫 구절, "님은 갔습니다. 아아, 사랑하는 나의 님은 갔습니다./ 푸른 산빛을 깨치고 단풍나무 숲을 향하여 작은 길을 걸어서 차마 떨치고 갔습니다"라고 울부짖고 있다. 가버린 사랑을 읊고 있는 것이다. '간다'가 과거형이라면 '온다'는 현재형이거나 미래형이다. 소월의 〈진달래꽃〉도 임과 함께 앞으로 즐겁고 행복하게 지내자는 것이 아니다. 함께 지냈던 그 세월을 회상하면서 임과 이별할 수밖에 없는 숙명을 애달파하고 있다. 함께 있을 때 얼마나 행복했는지는 알 수 없지만(모르기는 해도 행복하다는 느낌조차 들지 않았을 것이다.) 떠나보내고 나서 가슴을 치면서 안타까워하고 있다. 지나가 버린 그때를 회상하는 것이 행복한 듯이 보인다.

한용운은 이어서 "황금의 꽃같이 굳고 빛나던 옛 맹세는 차디찬 티끌이 되어서 한숨의 미풍에 날려 갔습니다"라고 탄식한다. 왜 지난날만이 찬란하고 아름다웠을까. 또 다른 시 〈가지 마셔요〉에서도 "아아, 님이여! 위안(慰安)에 목마른 나의 님이여, 걸음을 돌리셔요. 거기를 가지 마셔요. 나는 싫어요."라고 외치고 있다. 평자들은 나라를 빼앗겼을 때이니, 임과 함께 보낸 그 세월을 안타까이 생각해서 읊었다고 말한다.

그러나 가 버린 임에 대한 미학은 500년도 더 전인 고려가요에도 이미 나타나고 있다. 〈가시리〉에서 떠나가는 임에 대한 애달픈 정감을 절절히 노래하고 있다. "가시리/ 가시리잇고/ 나는 버리고/ 가시리잇고/ 날러는/ 어찌 살라고/ 나를 버리고/ 가시리잇고." 이 노래에 대한 평설은 양주동 교수가 이미 멋들어지게 해석해 놓았으니, 나는 새삼 췌언을 할 필요가 없을 듯하다. 어쨌든 '가는 사랑'에 대한 정감은 오랜 전통을 지니고 있는 듯이 보인다. 우리들 독자들에게도 다가오는 임보다 떠나가는 임에 대해서 읊은 시가 왜 이렇게 절절하게 가슴에 울려오는 것일까.

영국의 대표적인 연애시, 안드류 마아벨의 시 〈그의 수줍은 정부(情婦)〉는 이렇게 시작되고 있다. "우리가 넉넉한 세상 그리고 시간을 가졌다면/ 이 수줍음은 죄가 아닙니다/ 우리는 앉아서 어느 길을/ 걷고 긴 사랑의 날을 보낼 것인가 생각해 보겠습니다."(직역하다 보니, 근사한 연애시가 졸작이 되어 버렸다.) 영문학사에서는 이 시가 오랫동안 명시로 회자되고 있다. 사랑하고 있는 연인을 이렇게 그 앞에서 상찬하고 있는 것이다. 떠나보내는 임이 아니라 나와 함께 사랑을 나눌 임이다.

우리 속담에 "드는 정은 몰라도 나는 정은 안다."라는 말이 있다. 헤어질 때쯤 해서 그동안 들었던 정을 비로소 깨닫게 된다는 말이다. 정이 들고 있을 때는 모르고 있다는 말인가. 아니면 진행 중인 정은 인정하고 싶지 않다는 뜻인가. 사실 뒤돌아보면 우리의 문화가 그랬던 것 같다. 정은 인정하지만 사랑은 인정할 수 없다는 뜻이다. 정은 수동적이며, 과거형이다. 반면에 사랑은 능동적이며, 현재형이다. '사랑' 이란 말은 서구 문화가 들어오면서 보편적으로 쓰이게 된 말이다. 우리의 옛말 '사랑' 은 오늘날 쓰이고 있는 사랑이란 뜻을 담고 있지 않고, '생각하다' 는 뜻을 담고 있었다. 임을 오래 생각하다 보면 사랑이 될 수도 있겠지만, 이때의 '생각' 은 뒤돌아본다는 함의를 지니고 있다.

조선조에 '연애' 가 없었다고 하면 어폐가 있다. 그 많은 남녀들이 연애도 아니하고 지냈단 말인가. 연애라고 하면 낭만적인 사랑을 상상한다. 한번도 본 적이 없는, 결혼하기 전에는 사랑 어쩌고 할 처지가 전혀 못 되는 남녀가 만나서 부부로서 산다. 얼핏 들어도 전혀 낭만적이지 않다. 대부분 부부니까 부부의 도리로서 산다고 생각했을 것이다. 하기야 부부로 살면서 얼마든지 사랑을 나누면서 살 수 있다. 그러나 낭만적인 사랑은 부부로 만나 도리로서 사는 모습을 보고 하는 말 같지는 않다. 내가 서구 문화에 너무 물이 들어서 그런지 남편과 부인 사이의 사랑은 낭만적인 사랑으로 보이지 않는다. 유교 문화에서는 부부 사이의 사랑을 로맨틱하다고 말하긴 무엇인가 부족한 느낌이 든다. 왜냐하면 너무나 당연한, 도리로서 주고받는 정이기 때문이다. 그 시절에는 부부 사이의 사랑 어쩌구 하면 도리어 쑥스러운 느낌이 들었을지 모른다. 차라리 "정이 들어서."라고 말하는 것이 자연스럽다.

조선조 시대 안동의 무덤에서 나왔다는 '원이 엄마의 편지'가 신문에 보도되어 한동안 화제가 된 적이 있다. 아내가 남편을 사랑하는 것은 당연한 것이고, 남편이 일찍 세상을 떴기에 그 애달픔은 절절했을 것이라는 것도 충분히 짐작이 간다. 그런데도 이 편지가 세상에 알려졌을 때 굉장한 사건처럼 떠들썩했다. 400년을 뛰어넘은 시대의 충격이라고 할 수 있다. 대부분의 아내들이 그렇게 남편을 사랑했지만 그것은 당연지사로 알았던 시절이다. 그 시절에 로맨틱한 사랑은 차라리 기방(妓房)에서나 찾았던 것이다. 이 부부는 당연지사로의 정을 나누고 있었지만 400년이 지난 지금은 지극히 로맨틱한 사랑으로 우리에게 전해온다. 남편이 일찍 세상을 떠나서 홀로 남은 아내의 편지가 전해짐으로써 더욱 애절한 느낌을 준다.

이와는 달리 두향(杜香)과 퇴계(退溪) 사이의 사랑은 충분히 로맨틱했다고 말할 수 있다. 두향은 퇴계가 그 임지에서 떠나자 관기에서 물러나 남한강 가에 움막을 짓고 평생 퇴계를 마음속에서 섬기며 살았다고 한다. 퇴계 역시 두향을 생각하며 뜰에다 매화를 심어 놓고 그것을 봄으로써 두향에 대한 그리움을 달랬다고 한다. 진행형의 사랑은 겨우 9개월, 퇴계가 69세에 서거할 때까지 지난 일을 그리며 살았던 두향이었다.

시대가 바뀌었으니 문화도 바뀌었고, 사랑도 바뀌었다. '간다'의 사랑이 아니라, '온다'의 사랑으로 말이다. 아니, 바뀐 것이 아니라 바뀌고 있는 과정에 있다는 말이 더 정확하다. 딸이 만나는 친구들 대부분이 결혼을 하지 않았다니 놀랄 일이다. 그 딸의 나이가 마흔을 훌쩍 넘겼는데도 그렇다니 놀랄 일이 아닐 수 없다. '간다'의 사랑은 이미 낡아서 못하고, '온다'의 사랑은 아직도 남의 눈치를 보는 처지이고.

아니, '온다'의 사랑을 자유롭게 할 수 있을 때는 결혼할 필요가 없게 될지도 모르겠다. 사르트르와 보부아르처럼 계약결혼이 보편화되는 세상이 되는 것은 아닌지. 언제나 로맨틱한 사랑을 할 수 있을 것 같지만, 사실은 아주 쌀쌀한 사랑이 될지 모르겠다. 우리 속담에 "가는 정이 있어야 오는 정이 있다"라는 말이 있다. '가는 정' 은 절로 갖는 사랑이지만 '오는 정' 은 그 답으로 하는 사랑이다. 일종의 의무가 섞여 있는 것 같다고나 할까. 우리 민족이 갖는 사랑은 마음에서 저절로 우러나는 정, 그렇다. 가버린 사랑의 안타까움에 속에 있다.

종구 형에 대한 추억

문득 종구 형이 생각난다. 오래전에 세상을 떠난 친구 같은 형이다. 내 어릴 때 바로 울타리 건너편에 살았기 때문에 우리 집보다 그 집에 가서 더 많이 살았던 기억이 난다. 그 시절에는 나지막한 싸릿대 울타리에 대문도 없어 수시로 제집처럼 드나들었다. 그 집은 식구가 많아 항상 북적대고 있었지만 우리 집은 엄마와 아버지 그리고 나 세 식구만 살았다. 나는 우리 집에서보다 그 집에서 지내는 시간이 더 많았다. 가난하던 시절이라 그 집은 갱죽을 끓여서 끼니를 때울 때가 많았는데 나는 그 죽이 맛이 있어서 그 집에서 죽을 같이 먹었던 적이 많았다. 어머니는 그게 미안해서 내 밥을 그 집에 갖다 주기도 했다.

우리 집은 소규모의 자작농이었지만 그 집은 소작농이어서

춘궁기가 되면 항상 식량이 떨어져 쩔쩔 맸다. 가끔 우리 집 일을 도와주고 종구 어머니는 보잘것없는 먹을거리를 얻어 갔다. 종구 어머니보다 우리 어머니가 서너 살 위였던지 "종구네!" 하고 부르면 언제든지 달려왔다. 항상 생글생글 웃는 얼굴에 한번도 화를 낸 얼굴을 본 적이 없었다. 아니다. 꼭 한 번 야단을 맞은 기억이 난다. 자다가 오줌을 싼 적이 있었는데 어머니가 아침에 그 집에 가서 소금을 좀 얻어 오라고 했다. 그 말을 그대로 믿고 어머니가 쥐어주는 종지를 들고 그 집에 가서 엄마가 소금 좀 달래요, 했더니 종구 엄마가 갑자기 표정이 바뀌더니 야단을 치기 시작했다. 그때까지 종구 엄마의 화난 얼굴을 본 적이 없던 나는 서러워서 울기 시작했다. 갑자기 돌변한 종구 엄마는 다 큰 놈이 오줌은 왜 싸, 여기 소금 있다, 하면서 더욱 큰 소리로 야단을 쳤다. 내가 오줌 싼 것까지 어떻게 아노, 싶으면서도 종구 엄마가 그때처럼 야속한 적이 없었다. 얼마 지나지 않아 나를 달래기 시작했지만 야속한 마음은 오래도록 풀리지 않았다.

어쨌든 여섯 살이 되기 전까지는 그 집에서 더 많은 시간을 보냈던 것으로 기억된다. 그 집에는 나와 동갑인 종식이가 있었지만 그의 형인 종구 형과 더 많은 시간을 보냈다. 그는 나보다 세 살 위였기도 했지만 우리들이 모르는 것을 많이 알고 있었고, 손재주도 있어서 내가 좋아하는 놀이기구도 많이 만들어 주었다. 이를테면 팽이나 연 같은 것이다.

내가 여섯 살이 되던 해 아버지는 새 집을 지어 거기서 얼마쯤 떨어진 높은 곳으로 이사를 왔다. 내가 태어난 집은 낙동강에서 인접한 곳이라 여름철이 되면 홍수가 져서 우리 집 마당까지 들어올 때가 많았다. 홍수가 심하게 질 때는 높은 지대로 피난을 가야 하는 일도 있었다. 내가 태어나기 전 해(병자년 큰 홍수라고 사람들은 애기했다.) 이전의 집 이웃은 대부분 초가로 이엉을 해서 살았을 때였는데, 새로 이사한 우리 집은 그보다 높은 지대에 위치한데다가 제법 덩그런 기와집이어서 주위 사람들의 부러움을 샀다. 이사를 온 후에도 나는 종구 형을 만나러 수시로 그 집을 들락거렸던 기억이 난다.

종구 형은 공부도 잘했지만 특별히 그림을 잘 그렸다. 나는 그가 하는 일은 무엇이든 감탄으로 바라보았다. 그의 탁월한 그림 솜씨는 후에 같은 소학교에 다니면서 선생님들로부터 칭찬을 많이 들었던 것으로 기억된다. 그의 그림이 늘 복도에 전시되어 있었고, 그 앞을 지나가는 선생님들마다 혀를 차면서 한결같이 높이 평가했던 일이 기억난다. 그의 재능을 마음껏 발휘할 수 있었더라면 틀림없이 유명한 화가가 되었을 것이라고 나는 생각한다. 가난 때문에 재능을 충분히 발휘하지 못했던 것이 안타깝고 아까운 일이라고 두고두고 생각했다. 그는 읍의 고등공민학교(후에 중학교가 되었다.)에 입학했지만 수업료를 낼 수 없어서 중퇴하고 말았다. 그 후 내가 다니던 초등학교의 급사로 와 있었다. 급사라고 하지만 그때는 급료를 제대로 받는 것이 아니었다. 용돈 정도나 받았을까.

내가 중학교에 다닐 때까지 급사로 있었던 것으로 기억된다. 자연 자주 만나지 못하다가 어느 날 그의 집에 놀러 갔다가 놀란 적이 있었다. 옥편을 돈이 없어서 살 수 없으니까 아는 사람으로부터 빌려와서 그것을 통째로 베낀 것을 보았다. 그것을 빌려와서 며칠을 감탄을 하면서 본 적이 있다. 그 후 나는 한동안 종구 형을 만나지 못했다. 내가 마산에 있는 고등학교에 진학해서 가 있는 사이 그는 서울로 갔던 모양이다.

그를 다시 만나게 된 것은 서울의 어느 버스 터미널에서였다. 그는 그때 그 회사에 취직해서 일을 하고 있었다. 주로 여차장들을 관리 감독하고 있는 일을 맡고 있었다. 그가 있는 곳을 어떻게 알고 찾아갔는지 기억에 없다. 그는 반갑게 맞으면서 그동안 지냈던 이야기를 했다. 헤어질 때 내게 버스표 몇 장을 쥐어 주었다. 나도 어렵게 지날 때라 고맙게 생각하고 받았다.

그리고는 십오륙 년의 세월이 흘러간 것 같다. 같은 서울에 살았지만 그가 어디 사는지도 몰랐다. 내가 대학을 졸업하고 군 복무를 마치고 그리고는 고등학교의 교사로 근무할 때였다. 어떻게 연락이 닿았는지 그의 어머니가 우리 집으로 찾아온 적이 있었다. 갈현동에 살 때라고 생각된다. 당시 나는 전북대학교에 취직되어 내려가 있을 때였다. 그때만 해도 갈현동은 외진 동네였다. 어머니 혼자 두기가 안되어서 아는 사람이 있는 동네에 집을 옮겨 두는 것이 좋을 것 같아 종구 어머니가 산다는 돈암동에 조그만 한옥을 사서 집을 옮겼다. 종구 어머니는 미아리고개 너머에 살고 있어서 자주 만나서 외로움을 달랠 수 있을 것으로 생각했기 때문이다.

그 무렵 종구 형은 교통사고를 당해서 몸이 성치 못했던 것으로 기억된다. 당시는 몰랐지만 얼마 안 되는 보상비를 받고 근근이 살고 있었던 모양이다. 이사한 집을 수리하는 데 종구 형이 도왔다고 했다. 나는 그의 형편을 모르고 있다가 알고는 어머니에게 품삯을 쳐서 드리라고 했다. 그때 비로소 그가 생활 형편이 매우 어렵다는 것을 알게 되었다. 어머니를 돈암동에 혼자 계시게 하는 것이 아무래도 마음이 놓이지 않아서 어머니와 함께 전주로 이사를 왔다. 후에 종구 형은 나 있는 전주에 온 적이 있었다. 올라갈 때 아주 적은 돈을 쥐어 준 적이 있다. 그 후 좀 넉넉하게 쥐어서 줄걸 하는 후회를 했다.

내가 서울로 직장을 옮기고 나서 그의 집을 방문한 적이 있다. 내 나이 오십대 중반이라고 생각된다. 미아리고개 밑의 조그만 집에 살고 있었다. 딸이 벌어서 먹고 산다고 그의 부인이 말했다. 여전히 몸은 성치 못해서 일을 할 수 없었던 듯했다. 그의 어머니가 부산 딸네 집에 산다고 하면서 며칠 후 만나러 간다고 했다. 마침 학위 심사비를 얼마 받은 것이 있어서 그것을 주면서 어머니에게 갖다 드리라고 했다. 어릴 때 받았던 은혜가 많은데 그것으로나마 조금 갚는다고 생각이 드니 한결 마음이 흐뭇했다.

그가 세상을 떴다는 말을 들은 것은 그로부터 오륙 년 지난 때라고 생각된다. 그의 집에 차려놓은 빈소는 초라했다. 그의 부인과 딸이 나를 맞았다. 별로 찾아오는 사람도 없는 것 같았다. 쓸쓸한 상가였다. 어릴 때 그의 그림을 보고 감탄을 하던 때가 어제 같은 데 벌써 세상을 떠다니, 한세상 참 짧다는 생각이 들었다. 그의 그림 재능을 발휘할 기회조차 갖지 못한 채 세상을 뜬 것이 못내 아쉬웠다.

종구 형과 같이 지냈던 그 어린 시절, 가난하게 살았지만 행복했던 시절이었다. 성년이 되고는 사정이 있어서 서로 자주 만날 수 없었지만, 어린 시절은 언제나 그와 오순도순 재미있게 지났던 일이 나의 추억 속에서는 아련하게 피어난다. 울타리 건너의 조그만 초가집으로 달려가던 내 모습. 어느새 여든이 코앞에 닥쳤지만 종구 형과 더불어 지냈던 추억 속의 나는 채 여섯 살이 되지 못한 채 살고 있다.

춘래불사춘(春來不似春)

근래 모 정치인이 춘래불사춘(春來不似春)이란 말로 자기의 착잡한 심정을 표현했다고 해서 여러 사람의 입에 회자(膾炙)되고 있다. 이 시의 앞 구절은 "호지무화초(胡地無花草)"로서 "오랑캐의 땅에는 풀과 꽃이 없으니, 봄이 와도 봄 같지 않구나"라는 뜻이다. 중국의 왕소군은 양가의 처녀로 태어나 중국 원제의 후궁으로 들어갔으나 황제의 총애를 받지 못하고 북방의 흉노에게 시집을 보내졌다고 한다. 오랑캐와의 화친 정책의 희생양으로 보내게 된 왕소군(王昭君)의 심정을 읊은 시구에서 나왔다고 한다. 절세의 미인이었지만 화공에게 뇌물을 바치지 않아서 밉게 그려진 탓으로 그리 되었다는 것이다. 황제가 그 사실을 뒤늦게 알고 그 화공을 참형했다고 한다. 왕소군을 흉노에게 시집보낸 사실은 분명하지만 화공을 참형했다는 것은 지어낸 이야기가 아닌가 하는 의심이 들기도 한다. 그만큼 왕소군이 미인이었다는 사실을 강조하기 위해서 한 말이 아닌가 하는 생각도 든다. 어쨌든 절세의 미인으로, 호지에 갔어도 황제를 위한 일편단심은 변함이 없었다는 것을 나타내고 있어서 후대 사람들에게 길이 사표가 되고 있다.

미인에 대한 관심은 옛날이나 지금이나 한결 같다. 그렇지만 미인박명(美人薄命)이란 말이 있듯이 그 생애가 대개는 불행하게 끝나는 것으로 되어 있다. 왕소군도 그랬지만(사학자의 기록에 의하면 시집가서 적응하고 잘살았다고도 한다.) 절세의 미인 양귀비도 그랬다. 동양만 그런 것이 아니라 서양의 미인도 마찬가지다. 서양의 대표적인 미인 클레오파트라도 그 후반 인생이 행복했다고는 말할 수 없다. 하긴 수많은 미인들이 있었겠지만 특별한 사연이 없는 미인들은 기록에 남아 있지도 않아 우리가 알 턱이 없다. 어쩌면 이들의 생애가 비극적으로 끝났기 때문에 기록되어 후세 사람들에게 전해졌는지 모른다. 희랍 고전 비극의 구성 이론에도 들어맞는 설명이다. 거지나 보잘것없는 인간이 길거리에 쓰러져 죽었다고 해서 기록될 리도 없다. 또 비장미(悲壯美)가 나타나는 것도 아니다. 왕후장상(王侯將相)이거나 대단한 미인이 그 생애를 불행하게 마감했을 때 비장미가 생기는 것이고, 큰 충격으로 다가온다. 비극의 구성의 한 방법이기도 하다. 역사에 남는 미인들이라면 남자로 치면 왕후장상의 반열에 든다고 보아도 좋을 것이다.

그런데 지금의 미인과 그 시절의 미인은 많이 달랐을 것이라는 생각이 든다. 그 시절의 미인은 일반인은 잘 볼 수 없는 구중궁궐에 살거나 안방 깊숙한 곳에 기거한다. 그러나 지금은 길거리에 나가기만 해도 쉽게 볼 수도 있다. 지금은 미인이다 싶으면 매스컴에서 발굴해서 일반인들에게도 공개한다. 본인들도 그러기를 원하고 있을지도 모른다. 옛날에 일반인들이 어찌 감히 미인을 볼 기회조차 있었겠는가. 미모만 출중하면 지금은 여러 방면에서 활용되고 있다. 특히 예능 방면에서 그 미모가 출중하면 온갖 호사를 누릴 수 있다. 가무(歌舞)나 연기에 재능을 보여 주면 만금을 주고 그녀를 사서 활용한다. 미인을 발견할 때마다 매스컴은 벌떼같이 달려가서 온 천하에 알려준다. 덕분에 황제나 소수의 고관대작들만 차지하고 보고 즐기던 미인을 뭇 대중들이 보고 즐긴다. 미인들 또한 구중궁궐이나 규방에서 호사를 누리기야 했겠지만, 지극히 한정된 사람에게만 사랑을 받고 산다. 지금처럼 만인의 사랑을 받으며 호사를 누리며 살아가지는 않는다. 어느 쪽이 더 좋은지는 본인이 되어 보지 못했으니 모르지만 이전에 비하면 자유를 마음껏 누릴 수 있어서 더 값진 것이 아닌가 한다. 하기야 그 호사라는 것도 상대적인 의미를 띠고 있어서 지금의 의미와는 아주 달랐을 수도 있다. 지금은 어떻게 말해도 자본주의가 만연한 사회다. 호사가 돈으로 환산되어서 경제적 여유만 있느냐, 없느냐, 얼마큼 값진 물건을 소유하고 있느냐 등으로 계측되기도 한다. 게다가 돈이 있어도 일부 특권층에게만 시혜가 돌아가던 때와는 달리 마음대로 여행도 하고 사람도 고용해서 하고 싶은 대로 온갖 호사를 다 누릴 수 있다.

미인을 보는 관점도 많이 달라져 있다. 이전에는 얼굴이나 표정이 미인의 주된 관점이었지만 지금은 몸 전체의 균형미가 미인의 판단 기준이 되어 있다. 하기야 팔등신 미인이란 말이 옛날부터 전해 온 것을 보면 그때라고 해서 얼굴만 미인의 기준이 된 것 같지는 않다. 하지만 지금처럼 수영복 차림으로 온몸 전체를 보여주어야 하는 시대와는 천양의 차가 있다.

젊은 여인이면 누구나 각선미를 드러내고 싶어 한다. 이번 겨울처럼 모질게 추운 날씨에도 각선미를 위해서 아랫도리를 다 드러내놓고 다니는 젊은 여인들이 많았다. 측은한 마음까지 들지만 본인은 남이 자기의 아름다움을 마음껏 감상하도록 있도록 참는다. 각선미를 보여주는 데 가히 필사적인 그들과 그들을 보는 우리 사이에는 메울 수 없는 간극이 있다. 어쩌면 미인들에게는 '춘래불사춘'이 없고 언제나 봄이 오고 있다. 한겨울에도 봄이 제대로 오고 있는 것이다. 개구리들이 봄인 줄 알고 겨울잠에서 섣불리 깨어나 뛰쳐나왔다가 얼어 죽었다는 소문이 있다. '춘래불사춘'은 차라리 개구리들에게 있었던 모양이다.

겨울이 길다고 해도, 아무리 혹독한 추위가 닥쳐도 봄은 어김없이 찾아오고 있다. 자연의 순리를 거스를 수는 없는 법이다. '춘래불사춘'을 중얼거리고 있는 그 정치인들도 이 자연의 이치를 깨닫고 기다릴 줄 아는 지혜를 배우라고 권하고 싶다.

자연의 봄은 계절에 따라 어김없이 찾아오지만 인간이 만든 체제는 그렇지 못한 모양이다. 말로만 인민을 위한다고 떠들고 그 인민들은 숨도 제대로 쉬지 못하도록 억압하는 체제의 나라가 있다. 바로 북조선인민공화국이다. 아프리카 어디에도 있다는 말을 듣고는 있지만 한반도 안에 그런 고약한 곳이 있다는 것을 알고도 그냥 듣고만 있어야 하는 안타까움은 어떻게 달래야 할까. 인민들은 무수히 굶겨 죽이면서 독재자와 그를 둘러싸고 있는 몇몇만이 온갖 호사를 다 누린다니 분노가 치밀어 자다가도 벌떡 일어날 때가 많다.

그렇게 강대했던 소비에트 연방국도 무너졌는데 어째서 저 북한의 집단은 바뀔 기미를 보이지 않고 있는가. 봄이 수없이 왔다 갔는데도 혹독한 겨울 속에서 살고 있어야 하는 북한의 동포들을 생각하면 한숨만 나온다. 그들에게는 정치, 아니 문화의 봄은 언제 올 수 있을까. 남한에서 정치 현실이 자기 마음먹은 대로 되지 않는다고 '춘래불사춘'을 중얼거리고 있는 정치인들은 호강에 겨워 하는 소리 같다.

봄이 오면 어김없이 풀이 돋고, 꽃이 핀다. 자연의 섭리를 거스르고 언제까지나 푸른 빛깔을 붉은 빛이라고 속일 수는 없는 법이다. 아, 그 봄을 기다려야겠지. 불사춘(不似春)이 아니라, 봄을 마음껏 즐기는 진짜의 봄날이 북한에도 반드시 오고야 말 것이다.

화장발에 속다

어떤 사내가 있었는데 갑자기 아내가 보기 싫어졌다. 일에만 골몰해서 화장 한번 제대로 한 적이 없는데다가 옷도 늘 일하기에 편한 헌옷을 입고 있었다. 그날은 아내가 유독 더 보기 싫게 보이는 것이다. "바깥에 나가면 다른 여인들은 다 예뻐 보이는데, 저 여편네만 저리도 밉상일까. 오늘따라 유독 더 보기 싫군." 사내는 갑자기 화를 버럭 내면서, "어이, 여편네야! 꼴도 보기 싫으니까 너의 집으로 돌아가." 하고 고함을 질렀다. 일을 멈추고 영문을 몰라 남편을 바라보고 있던 아내가 남편이 정말 화가 나 있는 것을 보고는 영문도 모르는 채 방안으로 들어왔다. 평소에도 별로 다정한 말 한마디 건넬 줄 모르던 남편이었지만 오늘은 심상치 않았다. 정말 친정으로 돌아가려고 보따리를 싸기 시작했다. 그동안 몸단장 한번 제대로 해볼

새도 없었고, 화장도 해본 적이 없었던 아내는 아껴두었던 고운 옷을 꺼내서 입고, 연지곤지도 바르고 모처럼 화장도 정성껏 했다. 집을 나서는 아내를 보니 갑자기 사내는 마음이 바뀌기 시작했다. 그처럼 보기 싫었던 아내가 그런대로 보아 줄만했다. 아니, 다시 보니 예쁜 구석도 있었다. 그런데다가 울면서 보따리를 싸고 있는 그 모습이 측은해 보이기도 했다. 사내는 "지금 뭐하는 거야!" 소리를 버럭 질렀다. "친정에 돌아가려고 짐을 싸고 있는 중이잖아요." 아내는 울면서 대답했다. "울 때같이 사내의 마음을 끄는 여인이 있을까." 사내는 다시 소리를 버럭 질렀다. "가긴 어딜 가. 밥도 짓지 않고." 사내는 돌아서서 혼자 중얼거리는 소리로, "고게 어째 밉다, 곱다 하는 거야. 사람 마음 어지럽게스리." 어릴 때 어머니로부터 들었던 이야기다. 지금이야 어림없는 이야기지만 그 시절에는 이런 일도 있었던 모양이다.

대체로 여인들만 화장을 하는 줄 알지만 사실은 남자도 화장을 한다. 다만 그 방식이 다를 뿐이다. 분을 바르고 루주를 칠하는 것만이 화장이 아니다. 자신을 남의 눈에 돋보이게 하기 위하여 하는 행위는 다 화장이라고 할 수 있다. 아프리카의 원주민들이 얼굴에 이상한 칠을 하고 뼈나 뿔로 치장을 하고 있는 모습을 보았을 때 괴이한 느낌을 주지만 그들 나름대로는 화장을 한 것이다. 다만 그들의 전통에 따라 그런 모습으로 치장했을 뿐이다. 상대에게 위엄을 보이기 위해서 그렇게 치장할 수도 있고, 그들 내의 신분을 표시하기 위하여 그런 차림을 할 수 있다. 조선조에 양반들이 반드시 갓을 쓰고 수염을 길렀던 모습을 생각해 보면 이해가 간다. 화장은 얼굴이나 몸에만 하는 것은 아니다. 옷을 입는 것도 화장의 한 방법이다. 옷의 디자인이 중시되는 것도 그 때문이다. 자기를 표현하기 위한 연출의 방편으로 옷을 입는다고 할 수도 있다.

어디 옷뿐이겠는가. 생각하면 말과 행동 또한 마찬가지다. 어디까지가 화장인지, 아닌지를 구별하기 어렵다. 말과 행동은 그 자체가 화장되어 나타나기 때문에 더욱 그렇다. 어디까지 화장이고 어디까지 본색인지 정말로 구별하기 어려운 것이 말과 행동의 화장이다. 화장술에 따라 그 사람의 됨됨이를 평가하는 것도 그 때문이다. 주는 것 없이 미운 사람이 있는가 하면 괜히 좋은 사람도 있다. 그 사람이 갖고 있는 말과 행동의 화장술 때문에 그 사람을 인증하고 평가한다고 해도 과언이 아니다.

생각해 보면 살면서 우리는 끊임없이 본능적으로 화장을 한다. 남에게 보이기 위해서도 하지만, 자기 자신을 위해서도 한다. 수염을 깎고 말쑥하게 차리는 것도 화장이지만 그 반대로 수염을 아무렇게나 기르고 옷을 고의로 허술하게 입는 것도 화장이다. 다만 그 표현 방법이 다를 뿐이다. 살면서 하는 행동이나 말 자체가 모두 의식적이든 무의식적이든 화장을 거치고 난 뒤에 나타난다. 자기도 모르고 내지르는 소리는 화장을 할 겨를이 없지만 감탄사나 웃음소리도 어느 정도는 화장을 하고 내는 소리일 수 있다. 교육을 통해서 혹은 그가 살고 있는 문화를 통해서 그의 말과 행동이 조절된다.

로만 야콥슨에 의하면 말에는 여섯 가지의 다른 기능을 갖고 있다고 한다. 우리는 그 중심 의미를 전달해 주는 '지시적' 기능만을 중시하는 경향이 있다. 그러나 실제로는 지시적 기능에 부착되어 있는 기능들이 더 힘을 가지고 있다. 가령, "안녕하세요?" 라고 말한다면, 말을 듣는 그 사람에게 "안녕하냐?", "안녕하지 않느냐?"를 묻는 것이 아니다. 이 말을 통해서 상대방과의 친교적 감정을 트고 싶은 것이다. 실제로 우리가 하는 말의 대부분은 지시적 기능과는 관계없이 하는 경우가 많다.

어떻게 보면 말의 중심적인 의미에 화장을 한 말들이 감싸고 있다. 지시적인 말을 정적인 말이라면 그 외의 말들은 모두 생명이 붙어서 퍼덕이는 말들로 보인다. 그런데 이 살아 퍼덕이고 있는 말들은 말하는 그 순간을 놓치면 그 효력을 잃어버린다. 나는 솔직히 고백하자면 살아오면서 말의 화장술에 아주 둔했다는 것을 깨닫고 있다. 평생을 교육계에서 일해 왔으면서도 말에는 늘 낙제점을 받고 있다는 생각이다. 그동안 자격 미달이라고 쫓겨나지 않는 것만도 다행이다. 특히 말해야 할 그 순간을 놓치고는 혹은 적당치 못한 말을 하고는 후회하는 경우가 많았기 때문이다. 얼굴의 화장과는 달리 말의 화장은 그 순간을 놓치면 효과가 없다. 나도 알고는 있지만 번번이 잘못 말하고 후회한다. 아는 것과 실천하는 것은 거리가 있는 모양이다.

얼굴의 화장에 속는 것은 잠시 황홀한 기분을 느낄 뿐 큰 피해는 없다. 나같이 행동에 굼뜬 사람은 아, 하는 사이에 지나가 버린다. 영화의 한 장면을 본 것 같은 느낌을 가질 뿐이다. 물론 지금이 아니라, 젊었을 때의 이야기다. 하지만 말과 행동의 화장에 속는 것은 참으로 엄청난 피해를 입을 수 있다. 사기를 당하는 것도 바로 이 말의 화장술에 속아서 일어나는 일이다. 유머도 말의 화장술의 일종인 것에는 틀림없지만 그것은 말하는 사람의 선의가 숨 쉬고 있어서 웃음으로 끝난다. 때로는 비수가 숨겨져 있는 위트와 유머가 있지만 반드시 약자를 옹호하는 정의감이 그 속에 도사리고 있어야 한다.

말의 화장술에 둔감한 내가 지금껏 큰 낭패 없이 살아왔다는 것은 참으로 다행한 일이다. 말뿐 아니라 행동 또한 마찬가지다. 내 의도와는 상관없이 상대에게 오해를 일으킨 적이 참 많다. 그런데도 큰 봉변당하지 않고 살아온 것은 역시 그것이 악의에서 행해진 것이 아니라는 것을 이해해 주었기 때문이다. 항상 한발 늦은 말과 행동, 그리고는 후회하는 경우가 많지만 개선되지 않는 것을 보면 그것이 나의 천성인지도 모른다.

내 인생을 뒤돌아보면 말과 행동의 화장술에 전혀 무관심했던 것은 아니었다. 후회를 거듭하고 있는 것이 그 증거다. 항상 솔직하고 성실하려고 노력했지만 내 뜻대로 되는 것은 아니다. 아무렇게나 내뱉는 말도 전혀 꾸밈없이 나올 수는 없기 때문이다. 얼마나 적절한 화장을 거쳤는지, 아니면 서툴게 했는지 다른 사람이 판단한다. 나는 부정보다는 긍정을 좋아한다. 그래서이겠지만 나를 좋아하는 사람이 많다고 스스로 생각한다. 착각인지도 모르지만 그렇게 착각하고 사는 것이 나의 삶을 위해서 유익할 듯하다. 서툰 화장술은 나의 타고난 천성이다. 서툴면 서툰 대로 내버려 두는 것이 그 서툰 화장술을 이겨내는 법이다. 어쩌면 나의 솔직함을 그 속에서 보는 사람도 있을 테니까.

제4부

확신과 맹신

결혼과 짝짓기

요즈음 젊은이들이 결혼들을 하지 않아서 골칫거리라고 한다. 결혼 연령이 늦어지거나 아예 결혼을 하지 않은 사람들이 늘어나고 있어서 나라 경제에 큰 타격을 주고 있다는 것이다. 하긴 내가 자랄 때만 해도 결혼 적령기를 남자는 이십사오 세, 여자는 십구 세 전후로 보았다. 우리 앞집에 새로 부임해 온 소학교 교사의 나이가 이십육 세라고 해서 어른들이 많이 수군거렸다. 저렇게 늦게 결혼하면 아이를 제대로 낳을 수 있을까 걱정이라는 것이다. 그 시절은 처녀 나이 스물을 넘기면 이웃집에서 수군거렸다. 스무 살을 넘긴 딸을 둔 집에서는 중매꾼을 넣어 딸의 혼처를 알아보는 것이 집안의 큰 걱정거리가 되어 있었다. 지금은 서른 살을 넘긴 미혼 처녀들이 수두룩할 뿐 아니라, 마흔 살을 넘긴 처녀들도 주위에서 흔하게 볼 수 있다.

내 딸의 나이가 올해 마흔셋이다. 친한 친구 다섯이 자주 모이는 데 결혼을 하지 않은 친구가 셋이나 된다는 것이다. 그런데 결혼할 의사가 없는 것이 아니라, 결혼하고 싶은 소망은 간절하지만, 여러 가지 이유가 있어서 결혼을 못하고 있다고 한다. 경제적 여건이 가장 중요한 관건이라고 하는 것을 보면 삼사십 년 전보다 잘살게 되었다는 것은 무엇을 의미하는지 아리송하다.

인간에게는 결혼이라는 그럴듯한 표현을 쓰지만 생물학적으로 볼 때 동물들의 짝짓기라고 할 수 있다. 짝짓기는 생물들이 생존을 이어가는 중요한 수단이다. 아니, 본능이란 말이 더 정확하다. 그런 본능이 없었다면 오늘날의 지구상에 생명체가 존속했을지 의문이다. 찢어지게 가난하던 그 시절에는 결혼을 하지 못했던 사람이 드물었다는데 의식주 걱정이 없게 되니까 오히려 결혼을 아니하는, 아니 못하는 아이러니를 낳고 있다. 생각해 보면 웃기는 일이다.

조물주는 이 지구상에 온갖 형태의 짝짓기와 더불어 짝짓는 방법, 그 유지하는 형태를 만들어 놓고 있어서 자연의 섭리가 오묘하다는 생각이 든다. 사자 같은 놈은 무리 중에 힘센 놈만이 암놈을 독차지하고 힘이 약한 놈은 얼씬도 못하게 한다. 그 새끼들을 먹이고 키우는 역할도 전적으로 암놈에게 맡겨 버리고 저는 교미할 암놈만 다스리는 형태로 그 무리를 이끌고 있다. 앞으로도 개선될 기미가 전혀 보이지 않는다. 수놈의 횡포라고 할 수 있지만 그런 형태의 생존방식을 바꾸려는 기미가 전혀 보이지 않는다. 조물주의 섭리인 것을 어떡하겠는가. 그런가 하면 암놈이 까서 맡겨놓은 알을 행여 얼려서 죽일까봐 전전긍긍 자기 목숨을 걸고 품고 새끼를 살려내고 있는 수놈 펭귄족도 있다.

짝짓기하는 데 생물들은 온갖 다양한 수단들을 동원하고 있다. 사자와는 달리 새들처럼 고운 깃털 색깔이나 아름다운 목청이 중요한 수단이 되는 수도 있고, 암놈의 수태기를 정확하게 알고 끈질기게 따라 붙어서 성공하는 경우도 있다. 그 다양한 형태들은 자연의 섭리로 보아야 할까, 환경에 적응하는 동물들의 오랜 생존 방식일까.

그런 점에서 본다면 인간의 짝짓기는 참으로 다양하다. 건강미는 물론이지만, 사회적 지위, 특출한 재능 등 다양한 요소를 갖추어야만 결혼에 단연 유리하다. 어떻게 보면 동물과 비슷하지만 최근에 와서 재력이 중요한 요소가 되고 있는 것은 문화의 발전 때문일까, 아니면 자본주의가 전 세계를 누비면서 생겨난 새로운 풍속일까. 바로 말하면 돈이 가장 큰 힘을 갖고 있다는 뜻이다. 대개 재력은 여성보다 남성 쪽에서 더 많이 가졌으니까, 미인들을 차지하는 데 단연 유리하다는 뜻이다. 이렇게 말하는 나를 향해 항의할 여성들이 많을 것 같다. 천박한 생각이라고. 이에 맞서 주장하는 로맨티스트들은 결혼은 '사랑'이 위주가 되어야 한다고 강력히 주장할지도 모른다. 그러나 현실은 그렇지 않다. 최근에 와서 건장한 체구와 준수한 외모가 결혼의 큰 무기로 작용하고 있지만, 재력에 비교될 만큼은 아니다.

결혼을 하려면 대체로 예물을 교환한다. 어찌 보면 결혼 예물은 동물들의 짝짓기 전에 상대의 눈길을 끄는, 아니 마음을 돌리는 중요한 수단의 진화된 표현이라고 할 수 있다. 결혼 예물도 천차만별, 다양한 형태로 존재한다. 예쁜 여인은 그 미모 때문에 고가의 결혼 예물을 받기도 하지만, 반대로 경제력이 약한 남자는 그 예물을 해 주지 못해서 퇴짜를 맞는 수도 많다. 그 예물은 다이아 반지만을 의미하지 않는다. 예물 중에는 고가의 아파트도 있고, 자동차, 동산, 부동산도 있다. 반대로 장래가 보장되는 직업을 가졌거나 어려운 시험에 합격한 남자는 재력이 있는 여인네 집에 과도한 혼수를 요구해서 말썽이 난 적도 있다.

사람은 문화의 세례를 받은 족속이라 동물의 짝짓기와는 그 수단과 방법이 다르다. 행복하게 함께 살기를 서원하는 의미에서 결혼 예물을 교환하는 것이지만, 얼마 있지 않아 그 맹세는 저주로 바뀌는 예도 적지 않다. 이혼이 이전보다 점점 늘어나고 있다는 사실은 무엇을 의미하는지 모르겠다. 수십 년 전보다 '사랑한다'는 말을 흔하게 사용한다는 것은 확실하다. 그러나 그 말이 늘어난 만큼 오히려 이혼이 늘어난 것은 아이러니라고 하지 않을 수 없다.

수컷 거미는 짝짓기를 한번 하고는 암컷에게 잡아먹힌다고 한다. 그러니까 암컷은 욕망을 채운 뒤에 바로 그 수컷을 잡아서 만찬을 즐기는 셈이다. 약은 놈은 구애용 예물을 미리 준비했다가 그것을 제 목숨 대신 받치고는 그 죽음의 그물에서 바로 빠져 나오는 놈도 있다는 것이다. 결혼 예물을 교묘하게 바치고 교묘하게 죽음의 함정에서 빠져나오는 약삭빠른 놈이다.

모두들 사랑 때문에 결혼한다고 한다. 그런데 그 이혼의 사유를 들어보면 가지가지 많지만 대체로 사랑이 식어졌기 때문이라고 한다. 반은 맞고 반은 틀린 것 같다. 다른 여러 가지 사정이 있는데도 그것을 핑계로 삼는 것이 가장 간명하기 때문이다. 사랑이란 말이 흔하게 쓰이게 된 것은 역사적으로 볼 때는 그리 오래지 않다. 우리 선대들은 사랑한다, 어쩐다, 같은 말은 평생 해 보지도 않고 결혼해서 잘살았고 그리고 이혼도 거의 없었다. 반론을 펼 사람이 많을 줄 안다. 하지만 결혼하지 않는 인구가 이렇게 늘어나고 있는 마당에 생각해 볼 문제 아닌가. 그리고 이혼에 따른 자녀 문제도 참 많다.

동물들을 보아서 명확하게 알 수 있지만 짝짓기는 생명체의 본능이다. 그러나 인간은 그 본능을 문화의 힘에 의해 거스르고 있는 셈이다. 이성의 매력을 느끼지 못하는 사람은 건강한 사람이라고 할 수 없다. 건강한 몸을 가진 사람은 당연히 이성에게 끌리게 마련이다. 물론 이성의 매력에 끌려서 실수하는 사이에 인생을 망쳐 버리는 수도 있지만 그런 사람은 그가 사는 문화와 조화를 이루지 못했기 때문이다.

전 세계적으로 선진 문화국들은 인구가 감소하고 있어서 큰 근심거리라고 한다. 동물처럼 건강하고 힘 있는 수놈들이 암컷들을 마음대로 차지할 수 있었다면 그런 일은 절대로 없을 것이다. 그것이 자연의 섭리다. 그런데 인류는 문화를 가지고 있어서 그런 자연섭리를 따를 수 없다. 우선 법이 있어서 그렇게 할 수 없는 것이다. 그 법은 인간이 만든 문화의 한 규약이다. 문화의 진전을 되돌릴 수는 없는 것이다.

인류의 생존을 위해서 자연의 섭리를 존중할 것인가, 아니면 문화로 옥죄어서 점점 인류가 절멸해 가야 할 것인가, 셰익스피어의 말대로 하면, 그것이 문제로다. 당장의 문제가 아니니 지금 걱정할 것이 뭐 있느냐고 말할 사람도 있을 것이다. 자연의 섭리로 보아 미리 걱정하고 있는 것은 기우(杞憂)임에 틀림없다. 하지만 원자폭탄을 만들어 강대국끼리 경쟁하고 있는 현재의 정세로서는 언제까지나 태평스럽게 지낼 수는 없다. 짝짓기의 섭리를 거슬리는 것도 자연의 섭리를 거슬리는 행위임에 틀림없으니 말이다. 그러나 성인(聖人)들의 말처럼 역시 결혼에는 힘이나 돈이 아니라, '사랑' 이 위주가 되어야 한다. 그 '사랑' 의 목소리가 점점 미미한 힘을 내고 있는 것이 안타까울 뿐이다.

확신과 맹신

세월호 못지않게 텔레비전의 뉴스 거리가 된 것 중 하나가 유병언의 행적이었다. 수많은 경찰이 동원되어 찾았지만 그의 행적이 오리무중(五里霧中)이있었다. 이미 외국으로 도주했을 것이라는 말도 있고, 국내 어딘가에 잠적해 있을 것이라는 말도 있었다. 그러다 보니 신출귀몰(神出鬼沒)한 재주를 지니고 있는 것이 분명하다는 사람도 있었다. 결국 숨어 있던 근처의 밭자락에서 참혹한 시신으로 발견되었을 때 형언할 수 없는 허무감과 배신감을 느꼈다. 그렇게 떠들썩하던 뉴스 거리가 그런 식으로 결말이 나면 안 될 것 같은 생각도 들었다.

대부분의 국민들이 그의 사술(詐術)과 같은 종교적 행적을 욕하고 있는데도 불구하고 그를 굳게 믿고 따랐던 많은 추종자들이 있는 것을 보면 믿음이라는 것에 대해 새삼스럽게 의문이 간다. 사술이라도 대단한 사술이라는 생각이 든다. 기성 기독교계에서는 사이비(似而非) 종교집단이라는 말로 매도하지만 사이비냐 아니냐를 구별하는 것도 사실 쉽지 않다. 같은 예수를 믿으면서 믿음의 방법이 달라서 사이비가 된 경우도 있고, 정통 교인이 되는 수가 많다. 하긴 거대한 집단이 되면 사이비라고 말할 수 없는 경우도 얼마든지 있다. 기독교와 이슬람교는 같은 뿌리에서 출발했지만, 서로 사이비 집단이라고 말하기에는 너무 큰 집단이 되어 있다. 그래서 다른 종교라고 말할 수밖에 없을 것이다.

거창하게 종교까지 들먹일 필요 없이 살아가면서 믿어야 할 것과 믿지 말아야 할 일들이 얼마나 많은가. 확실히 믿지 못하면 일을 제대로 진행할 수 없는 일이 허다하다. 시작한 일조차도 중간에 믿지 못할 사정이 생기면 중도파기하는 예가 허다하다. 처음부터 반신반의(半信半疑)하는 일들도 숱하게 많다. 머뭇거리고 있다가 기회를 놓치는 때도 있다. 어떻게 보면 매순간 선택을 하면서 살아간다고 할 수 있다. 그 선택에는 믿음이 따르기 마련이지만 그 믿음이 어디에서 온 것인지는 확실히 말할 수 없다. 다른 사람들이 그렇게 하니까 따라한 것인지, 자기의 판단에 따라 행동한 것인지는 시간이 한참 지나서야 알 수 있다. 그뿐만 아니라 그 판단이 감정에 의한 판단인지, 이성에 의한 판단인지조차 가름하기 어려울 때도 있다.

그런데 확신(確信)과 맹신(盲信)은 굳게 믿는다는 점에 있어서는 같다. 그 당장에는 양자를 구분하기조차 어려울 때가 있다. 좋은 결과가 나왔을 때는 확신이라고 하지만 터무니없는 결과가 나왔을 때는 맹신이라고 한다. 그러나 역사적으로 보았을 때 두 맹신이 죽어라고 투쟁한 경우도 있고, 두 확신이 믿는 것이 달라서 죽기 살기로 싸운 경우도 있다. 몇 백 년 동안 계속된 종교전쟁이 바로 그러한 예다.

내가 미국에 체재하는 동안 한경직 목사의 설교를 들은 적이 있다. 그분의 설교 내용 중에 이런 것이 있었다. 자기 교회의 어느 신자가 꿈에 예수님이 나타나셔서 집을 부산으로 옮기라고 말씀하셨다는 것이다. 아무리 예수님의 말씀이라고 해도 전혀 이치에도 안 맞는 말씀을 하셨다면 그대로 시행할 필요도 없다는 것이다. 상식에 맞지도 않는 그런 말씀을 예수님이 하셨을 리가 없다는 것이다. 그분의 말씀인즉 건전한 상식에 어긋나는 일은 하는 일은 바른 교인의 태도가 아니라고 했다. 그러니까 '건전한 상식'을 매우 중시한다는 이야기다. 독실한 신자 중에 건전한 상식과 어긋나는 일을 더러 하는 사람이 있다는 의미다.

확신과 맹신은 개인 간에도 있을 수 있지만 집단 간에도 있을 수 있다. 특히 종교 문제에 오면 확신과 맹신은 맹랑한 일을 일으키는 수가 많다. 한때에 '휴거'라는 일이 확신으로 그 집단을 지배했지만 집단 밖에서는 전혀 근거 없는 맹신이 된 일이 있다. 허무맹랑한 그 일이 거짓말로 판명되었어도 그 집단에서는 또 다른 변명이 준비되어 있는 것을 보면 종교 집단에 있어서는 확신과 맹신이 구분하기가 어렵게 되어 있는 모양이다. 사이비 종교집단이 대개 그렇다. 구원파라고 일컬어지고 있는 종교집단도 그러한 양상의 일종일 것이라고 생각된다.

천주교와 개신교도 한때는 각기 확신에 차서 상대방을 비방했지만 서로의 집단이 커져 버리니까 어느 쪽을 맹신이라고 단정하기는 곤란하게 되어 버렸다. 교황청에 의해 맹신이라고 파문을 당했던 마르틴 루터도 그를 보호해 주는 집단이 없었다면 아마 영원히 매도되어 파문에서 살아남지 못했을 것이다. 어떻게 보면 확신과 맹신을 판가름하는 것은 얼마큼의 지지자를 얻느냐에 달려 있다고 볼 수 있다. 종교와는 다른 문제이지만 세종대왕도 훈민정음에 대한 확신이 없었다면 위대한 업적을 이룰 수 없었을지 모른다. 결과적으로 세종대왕은 확신에 차서 위대한 일을 하게 되었고, 최만리은 한자의 맹신에서 벗어나지 못한 것이 된 것이다.

확신과 맹신을 구분해서 살고 있다고 자신하고 있지만 사실 긴 역사를 놓고 볼 때는 그렇게 장담할 수도 없다. 세월이 지나고 나서 보면 그 위치가 전도되는 예를 얼마든지 보기 때문이다. 확신에 찬 사람은 분명히 큰일을 할 수 있다. 그러나 크게 그르칠 수도 있다. 확신도 하지 않지만, 맹신도 하지 않는 사람은 어떤 사람일까. 신념이 없는 사람이라고 부른다. 세계관이나 인생관이 그런 사람을 우리는 회의론자라고 부른다. 완전한 회의론자도 되지 못하지만 그날그날 일에 별 의식 없이 따라가고 있는 사람을 무엇이라고 불러야 할까. 내가 바로 그런 사람이다. 확신을 가지고 어떤 일을 하고 싶다는 욕망은 내 안에서 항상 꿈틀거리고 있다. 그러나 부질없는 일. 그것이 확신인지 맹신이지조차 모르면서 말이다. 확신도 맹신도 모두 젊었을 때 가지는 모양이다. 나를 제쳐두고 사정없이 흘러가 버리는 그 세월을 난들 어찌할 것인가. 공자님은 일흔이 되면 어떤 일을 해도 법도에 어긋나는 법이 없다고 하셨지만, 나 같은 범인은 매사에 주저(躊躇)하고 주저할 뿐이다.

확신도 맹신도 다 젊었을 때 가지는 믿음인 모양이다.

광화문의 굿판

광화문은
차라리 한 채의 소슬한 종교

미당은 이렇게 읊었다. 그런데 그 광화문이 지금 매우 소란스럽다. 서양의 종교 의식은 조용하고 엄숙하다. 그런데 한국의 무속종교는 징을 치고 꽹과리를 치면서 매우 소란스럽다. 지금 수많은 군중이 광화문에 거리에 모여서 마치 굿판을 벌이듯이 대통령의 하야를 외치고 있다. 광화문이 소슬하니까 굿판을 벌여서 사람들로 흥성거리게 하는 것인가. 밤이 되면 모두들 손에 손에 촛불을 들고 누군가의 구호에 따라 같은 말을 되풀이해서 외치고 있다. 광화문의 소슬한 종교가 시작되고 있는 모양이다.

4 · 19 혁명의 물결이 절정에 이르렀을 때 나는 광화문에 있었다. 데모를 하러 나온 것이 아니라, 데모를 막으려고 나왔다. 그러나 학교에서 내보낸 취지와는 다르게 학생들과 같은 마음이 되어 참가하고 싶었던 것이다. 그 해 2월에 나는 대학을 졸업했고, 3월에 고등학교 교사로 취직되어 근무하고 있을 때였다. 학생들의 데모가 점점 수위를 높여갈 때 나는 수업을 맡고 있었기 때문에 그 현황을 신문과 방송으로 겨우 짐작하고 있었을 뿐이었다. 그때까지만 해도 대학생들만이 데모에 참가하고 있었고, 고등학교 학생들은 정상 수업을 받고 있었다. 대학생들이 거리로 나와서 데모를 시작하자 깡패들이 나와서 학생들을 폭력으로 진압하려고 들었다. 행진을 방해하면서 심지어는 학생들을 구타까지 하기 시작했다. 이승만 정권의 주구(走狗)들이 계획적으로 폭력배들을 동원해서 진압해 보자는 짓이었다. 그러나 파도처럼 밀려오는 학생들의 분노를 저지할 수는 없었던 것이다.

대학생들의 시위는 멈추어 설 기미가 보이지 않았다. 그 후 며칠이 지나서 고등학생들도 그 시위군중에 참가하고 있다는 보도가 나기 시작했다. 다음 날 학교에서 완장을 하나씩 주면서 데모하는 고등학생이 거리에서 발견되면 집으로 돌려보내라고 교사들을 거리로 내보냈다. 그러지 않아도 데모가 어떻게 진행되고 있는가, 궁금하던 차에 잘되었다고 생각했다. 당시 재직하고 있던 학교는 신당동에 있었다. 을지로까지 걸어 나왔지만 별일 없이 사람들은 평소처럼 오가고 있었다. 다시 을지로 6가에서 시작되는 대로를 들어서자 걸어가는 사람들이 많이 보였다. 차는 다니지 않았다. 다시 을지로 입구까지 태평스럽게 걸어 나왔다. 데모하는 학생들이 산발적으로 구호를 외치며 행진하고 있는 것이 보였지만, 제지하는 경찰들도 별로 보이지 않았다. 을지로 입구에 오니까 학생들이 멈추어 서서 더 행진하지 못하고 구호만 외치고 있었다. 왜 행진을 하지 못하고 있을까, 하는 생각으로 군중들을 헤집고 맨 앞으로 나가 보았다. 당시 을지로 입구에는 지금의 경찰청이 되는 치안국이 있었다. 경찰들이 무장을 한 채 양편으로 갈라서서 데모대의 행진을 저지하고 있는 모습이 보였다. 그렇게 한 시간이나 대치하고 있었던 것 같다. 갑자기 경찰이 해산을 외치면서 총을 난사하기 시작했다. 그러나 학생들을 조준해서 쏘는 것 같지는 않았다. 데모 군중을 해산시키기 위하여 실력행사에 들어간 것이다. 처음은 공포탄인 줄만 알았는데, 실탄이 장전되어 있었던 모양이다. 탄피가 두둑둑 떨어지는 것이 보이고, 총알이 근처의 건물에 꽂히는 것도 보였다. 군중은 일시에 양 옆의 골목길로 흩어졌다. 그러나 얼마 후 군중은 다시 모여들기 시작했다. 뒤에 알았지만 그 시간 이후 발포해도 좋다는 명령이 경찰에 하달되었던 모양이다.

나는 그곳을 벗어나서 광화문 쪽으로 발걸음을 옮겼다. 광화문에도 데모군중이 많이 모여 있었다. 나는 계속해서 경무대(오늘날의 청와대) 쪽으로 걸어갔다. 갑자기 백 미터 전방쯤에서 '따닥따닥' 하는 총소리가 들렸다. 그래도 그것이 사람에게 쏘는 총소리라고는 생각하지 않았다. 몇 걸음 가지 않아 대학의 같은 학과 일 년 후배를 만났다. 그는 고등학교 일 년 후배이기도 했다. 옷이 흙투성이에다가 일부는 찢어져 있었다. 신은 한쪽만 걸치고 있었다. 그래도 나를 보더니 반색을 하면서,

"형님! 어디로 가세요. 더 이상 가면 총 맞아 죽습니다. 사람에게는 총을 안 쏠 줄 알았는데 마구잡이로 쏘지 뭡니까? 겨우 살아서 돌아오는 길입니다."라고 말했다. 할 수 없이 발길을 돌릴 수밖에 없었다. 돌이켜 보니 4·19 혁명 데모대에 참가했다고는 절대로 말할 수 없다. 잠깐 구경을 한 셈이다. 당시 나는 노량진의 셋방에 살고 있었는데, 서울 시내의 모든 교통수단이 정지하고 있었기 때문에 집까지 걸어올 수밖에 없었다.

요즈음 광화문에서 일어나고 있는 데모 집회의 수가 누적하면 몇 백만, 아니 어느 방송에서의 추산은 천만에 가깝다고 한다. 날씨도 만만치 않게 추운데 어린애까지 데리고 나와서 참가하는 것을 보면, 그 열성이 대단하다. 한편 탄핵 반대의 집

회도 덕수궁 주변을 중심으로 해서 벌어지고 있다. 내 이웃에 사는 친구도 자주 그 집회에 참가하고 있었다. 그 부인도 함께 참가하고 있다고 하니 놀랍다. 하긴 대만에서 온 친구를 인사동에서 만나기로 해서 그날 데모군중을 직접 보았는데 태극기를 든 탄핵 반대 군중이었다. 헌법재판소를 향해 행진해 오다가 경찰의 제지로 뒤돌아오고 있는 중이었다. 4·19 데모 때나 지금이나 나는 구경이나 하는 사람인 모양이다. 지금 걸음걸이가 시원치 않아서 데모대에 끼일 수도 없는 형편이지만 한다고 해도 어느 편에 참가해야 할지 딱히 결정할 수 없는 심정이다.

딸의 말에 의하면 어느 시간이 지나면 어떤 형태로든 한국 사람은 굿을 해야 한다고 말한다. 군중집회가 그 굿을 대행하고 있다는 것이다. 그렇지 않으면 스트레스가 쌓여서 일을 제대로 할 수 없다는 것이다. 데모에 열렬히 참가하고 있는 사람이 들으면 화를 낼지 모르겠다. 한국 사람들은 근원도 모르는 한을 갖고 있는 반면에 그와는 대극점에 있는 신명을 갖고 있다는 것이다. 이 신명을 오랫동안 풀지 못하면 우울증에 걸려 만사가 시들해 보인다는 것이다. 그러고 보니 월드컵 대회 이후 한국인이 신명을 풀 기회가 별로 없었다. 이명박 대통령 때 광우병 소동으로 그 신명을 풀려고 했지만, 일부는 거짓인 것이 너무나 명백하게 드러나고 있어서 신명을 제대로 풀지도 못했다. 이번에는 대통령이라는 거물이 제대로 걸려서 신명을 푼다는 것이다.

저번 민노당의 굿판에서는 본의 아니게 한 사람의 농부를 제물로 바쳤다. 제물을 바쳐야 굿이 끝날 판인데 시대가 진보해서 매우 질서정연하게 데모도 진행하고 있다고 한다. 그러나 많은 군중이 모이면 어떤 사고가 돌발할지 누가 알 수 있겠는가. IS가 한국인을 노린다면, 이런 굿판에 대형사고가 일어나기 십상이다. 일단 굿판을 벌여서 대통령의 탄핵 의결을 얻어냈고 그 다음 일은 헌법재판소에 맡겼으면 좋겠건만 양편 다 성이 차지 않는 모양이다. 어떻게 끝장을 내는 것이 좋은지 데모는 아직도 끝날 줄 모르니, 답답한 노릇이다.

심청은 아버지의 눈을 뜨게 하기 위하여 공양미 3백 석에 몸을 팔았고, 뱃사람들은 그를 굿판의 제물로 받쳐 풍파를 면하게 되었다니, 그 굿판도 분명 효과는 있었다. 그렇게 바다의 제물이 되어 죽었다면 그 굿판도 비극으로 끝나고 만 셈이 되었을 것이다. 그런데 심청은 다시 살아나서 왕비가 되어 아버지를 만나게 되고, 더구나 죽었던 심청이가 다시 살아서 돌아왔다는 말을 듣고 심청이 아버지도 눈을 번쩍 떴다니, 해피 엔딩이 된 셈이다.

박근혜 대통령에 대한 탄핵소추가 의회에서 통과되고, 헌법재판소에서 "신속하고 공정하게" 재판을 진행한다고 하니, 그 말대로 될 것으로 기대한다. 박대통령이 탄핵을 받을 만큼 큰 죄를 지었는지, 별 것 아닌 것을 이 소란을 피우는지 나는 잘 모르겠다. 심청이는 살아서 돌아와 황후가 되어 그 굿판의 제물이 분명 효과가 있은 셈이지만 그것은 우리 옛사람들의 꿈이었다. 데모 군중이 양편으로 나누어지면 어느 쪽이 이기더라도 그 다음이 순탄치 않다.

굿판은 굿판으로 끝냈으면 좋겠다는 것이 내 생각이다. 지는 쪽도 우리나라의 장래를 위해서도 깨끗이 승복해야 한다. 언젠가 다시 굿을 벌려야 할지 모르겠다. 좋은 굿판을 벌려서 우리 민족에게 복을 주는 굿이 되기를 간절히 바란다. 그 바람에는 북쪽에서 온갖 극악한 죄를 짓고 있는 녀석이 죽고, 나라가 통일이 되었으면 하는 원망도 들어 있다.

나의 집

인간은 언제부터 집을 짓고 살았을까. 아득한 옛날이니 짚어볼 수도 없다. 동물에서 인간으로 승격하는 그 어느 때쯤 되지 않았을까. 눈비를 피하고 추위를 막아주는 동굴에서 살기 시작하면서 비로소 인간의 생활이 시작되었을 것 같은 생각이 든다. 가족이 생긴 것도 그 무렵부터였을 것이다. 동굴 생활은 얼마나 계속되었는지 모르지만 집을 지어서 살기 시작한 것은 그로부터 또 한참 뒤였을 것이다. 그 안에서 가정을 꾸미고 아내와 남편을 두고 자식을 기르며 살기 시작한 것은 아마도 몇천 년, 아니 몇 만 년 후의 일일 것이다.

누가 더 좋은 집을 갖고 사느냐는 경쟁이 생기고, 그것이 부의 척도가 되기 시작하면서 한 단계 높은 인간의 생활이 시작되었을 것이다. 물론 뜻이 다른 데 있어 좋은 집에 살 수 있는

데도 고의로 허술한 집에 사는 사람도 있다. 그러나 대부분의 사람들은 넓은 정원을 갖고 편리하고 아름답게 지은 집에 살기를 원한다. 최근에 와서는, 이른바 아파트라는 것을 선호해서 넓은 공간을 가진 아파트를 가진 사람이 상류층에 속한다.

나의 어린 시절을 보냈던 집은 지금은 이 지상에서 사라져 버렸다. 낙동강 가의 허술한 초가집이었다. 홍수가 지면 물에 잠기게 되는 일도 비일비재했다. 내 나이 여섯 살 되던 해 그곳보다는 보다 높은 지대로 이사를 했다. 지금 보면 보잘것없는 집이지만 사람들은 좋은 집을 지어 이사를 간다고 부러워했다. 홍수가 나면 물에 잠기기 일쑤였던 집에 비해 걱정할 필요가 없으니 좋은 집임에는 틀림없다. 이전의 이웃들은 새 집을 지어 나온 우리를 매우 부러워했다. 게다가 번듯한 기와집이었다. 이 집에서 20년 가까이 살았다. 내 대학 학비를 대기 위해서 이 집을 결국 팔고 말았다. 이웃 사람들은 늙은이가 집도 없이 고생할 것이라고 수군댔지만 어머니는 과단성 있게 집을 팔아 내 학비를 대기로 결단을 내렸다.

몇 년 전 고향에 내려간 김에 어릴 때 산 집을 찾아보려고 나섰던 적이 있다. 허탕을 치고 말았다. 집은 흔적도 없이 사라져 버렸기 때문이다. 홍수가 자주 드니까 지역 주민들을 위해 그 근방을 광범위하게 철거시켜 버렸다고 한다. 주민들을 위해서는 좋은 일을 한 셈이지만 나로서는 여간 서운한 일이 아닐 수 없었다.

지금 나는 용인의 민속촌 근처에 산다. 20층 아파트에 12층에 산다. 그동안 서울 시내에서 이사를 다닌 것이 몇 번인지 모른다. 지금은 서울이 아니라 경기도이긴 하지만 나로서는 처음으로 넓은 아파트에 살고 있다. 가끔 서울 나들이할 일이 생기면 시간이 많이 걸려서 그렇지, 그런대로 만족하고 있다. 집값으로 치면 좁게 산 이전의 아파트보다 많이 싸다. 싸지 않았다면 나 같은 사람이 이렇게 넓은 집에 들어올 엄두도 내지 못했을 것이다. 집 앞의 아파트가 전망을 가리고 있어서 그게 좀 못마땅하지만 그런대로 만족하고 있다. 해가 뜰 때 앞 아파트 틈새로 햇살이 잠깐 쏟아져 들어오는데 그것을 나는 귀하게 즐긴다. 비록 짧지만 온몸으로 아침 햇살을 받을 때 나는 말할 수 없는 행복감을 느낀다고 쓴 적이 있다. 물론 한 낮이 되면 햇볕은 넘치도록 쏟아져 들어와서 응접실 전체를 환하게 만든다,

오늘 보니 집 앞만을 볼 것이 아니다. 뒤의 창문을 열고 바라보는 조망도 의외로 좋다. 우선 넓게 트인 공간이 마음에 들었고, 잔디밭 위에 세워져 있는 누군가의 조각상도 좋았다. 그 앞으로 어린아이들의 손을 잡고 걸어오는 젊은 색시들이 많다. 유치원이 있기 때문이다. 가슴이 답답할 때는 뒷문을 활짝 열고 심호흡을 한다. 금년같이 호된 무더위로 고생할 때는 뒷

창문이 얼마나 좋은지 모르겠다. 뒷문만 열어두면 에어컨보다 더 시원한 바람이 가슴 속을 헤집고 불어온다.

문득 소월의 시가 생각난다.

엄마야 누나야 강변 살자
뜰에는 반짝이는 금모래 빛
뒷문 밖에는 갈잎의 노래
엄마야 누나야 강변 살자

이 시를 언제부터 좋아했는지는 기억에 없지만, 아주 어릴 때부터 암송하듯이 가슴에 담고 있었다. 깊은 뜻이 담겨 있는 것 같지도 않는데 입에서 절로 흘러나온다. 이어령 씨가 〈언어로 세운 집〉에서 이 시에 대해 멋진 해설을 붙였는데 그 책 첫머리에 싣고 있다. 그의 전매특허인 기호학적 방법을 동원해서 이 짧은 시에 대해 그렇게 긴 해설을 붙일 수 있는 것이 오히려 더 신기하다. 아하, 그래서 엄마나 누나처럼 정답게 다가오는 이유가 다 있었구나 하고 감탄하기도 한다.

아파트로 가로막힌 그 앞은 바로 낮은 야산이다. 5분만 걸어나가면 바로 산속에 들어설 수 있다. 이전에는 자주 그 야산에 올라 한참씩 걸어다녔는데 지금은 다리가 시원치 않아 산밑까지만 갔다가 돌아온다. 그 산을 다시 오르는 것을 목표로 삼고 동네 산책을 나서지만 그 희망이 쉽게 이루어질지 모르겠다.

이제는 길옆의 나무나 꽃을 보면서 걷는 것이 내 취미이고, 행복이다. 테니스 코트까지 매일 걸어가는 것이 내 최대의 운동이다. 나이가 들었다고 신이 나에게 테니스를 하는 것조차 허락하지 않는 모양이다. 제대로 걷지 못하는 병을 얻어서 걷는 모습을 보면 지나가는 사람들은 가엽다는 듯이 나를 바라본다. 나도 몇 년 전에는 이처럼 걷지 않았소, 하고 변명이라도 해 주고 싶지만 그게 무슨 소용이랴.

어릴 때 멋모르고 불렀던 노래, "내 쉴 곳은 작은 집 내 집 뿐이리…. 꽃 피고 새 우는 내 집 뿐이리." 그 시절이 좋았던 모양이다. 비록 강둑에 살아서 홍수에 시달리긴 했지만. 세월을 붙들어 맬 수는 없다. 어느새 한세상이 지나가고 있는가. 뒷창문을 열고 어린애들이 뛰노는 것을 보면서 나도 저런 때가 있었지, 하고 스스로 위로하며 살 수밖에 없다. 남녘에는 봄이 활개를 치고 오고 있는 모양이다. 겨울 동안 북풍이 너무 거세어서 마음 놓고 북창을 열어두지 못했다. 이제 활짝 열어 놓고 봄맞이를 할 때가 되었나 보다.

나의 고향은 남지

남강의 물줄기를 받아 넉넉한 수량을 얻어서 휘돌아나가는 낙동강 가에서 나서 그곳에서 나는 자랐다. 지금도 눈을 감으면 모래밭에 뒹굴며 놀던 내 모습이 아련히 떠오른다. 떠나 산지 오래됐지만 내 마음속에 자리하고 있는 남지는 내 어린 시절과 함께 있다. 누구에게나 고향이 있지만 마음속에 새겨진 의미는 각기 다를 것이다.

강변이 저만큼 보이는 곳에서 나는 태어났다. 사립문을 나서면 낙동강이 유유히 흘러가고 있는 것이 보인다. 동네는 약간 둔덕진 곳에서 시작되지만 놀이터는 그 앞의 은빛 모래사장이다. 놀 곳이라곤 그곳밖에 없었기 때문에 거의 온 하루를 사장에서 지냈다. 모래를 잔뜩 뒤집어쓰고 집에 들어오면 나를 마당에 세워두고 어머니는 빗자루로 모래부터 털기 시작한다. 여섯 살 전 일인데도 어떻게 이렇게 생생하게 내 기억 속에 남아 있는지 모르겠다.

소월은 "엄마야 누나야 강변 살자. 뒷문 밖에는 갈잎의 노래"라고 노래했지만, 뒷문 밖의 갈잎 소리는 들을 수 없었다. 남지는 근처에 높은 산이 없는 곳이다. 따라서 뒷문 밖의 갈잎 소리는 들을 수 없다. 소월이 말하는 강변은 낙동강처럼 큰 물줄기를 가진 강이 아니었을 것이다. 강변이 아니라 차라리 산골의 조그만 내였을 것이라는 생각이 든다. 강변이 아니고 냇가를 그렇게 노래했다면 전혀 다른 정경이다. '강변 살자가 아니라, 냇가에 살자.' 라고 했을 것이고 그렇게 되면 시의 풍미를 잃게 되고 소월의 그 시도 우리의 애송시가 되지 못했을지 모른다.

내가 여섯 살쯤 되었을 때 그 강변 집을 떠나서 높은 지대의 기와집으로 이사를 갔다. 그래서 소월처럼 훌륭한 시인이 되지 못했는지 모르지만, 소월보다는 훨씬 오래살고 있지 않는가. 오래사는 것이 반드시 축복이라고는 할 수 없지만 소월보다는 훨씬 많이 바뀐 세상을 보았다. 개똥에 굴러도 이승이 좋다는 말을 위안 삼아 하는 것은 나같이 평범한 삶을 살고 있는 사람을 위해서 한 말인 것 같다.

소월은 냇가에 살았기 때문에 "강변 살자"고 했을지 모른다. 강변이 아무리 좋아도 매년 찾아오는 홍수를 이겨내고 살 수는 없는 것이다. 우리 집이 높은 곳으로 이사를 가게 되자 이전의 이웃들은 홍수가 지면 꼭 우리 집으로 피난을 왔다. 마침 집에는 헛간도 있고 곳간도 있어서 옛 이웃들이 거기서 며칠씩은 견딜 만했다.

홍수를 피해 우리 집 곳간에 누워 있어도 내 친구 종식이 아버지는 〈춘향전〉이나 〈심청전〉 같은 고대소설을 다 암송해서 읊고 있었다. 때를 잘못 만나 반거들충이라는 말을 들으면서 집안에서 천대를 받고 있었지만 천성으로 문학적 재능을 가졌는지도 모른다. 소월은 시로 읊었지만 종식이 아버지는 산문으로 읊었다. 애들이 그가 읊는 소설을 재미나게 들었다.

강변과는 조금 떨어져 강변의 노래는 더 들을 수 없었지만 이제는 여름마다 겪는 홍수 피해는 겪지 않았다. 그 대신 새로 이사 온 집에 적응하기 시작했다. 집안 곳곳에 자라고 있는 꽃들을 보는 재미가 쏠쏠했다. 봉숭아, 맨드라미, 채송화, 분꽃, 코스모스 등이 집안 곳곳에 피고 지고 있어서 봄부터 가을까지는 꽃을 보는 재미가 쏠쏠했다. 아버지가 집안 구석구석에 심어놓은 감나무가 자라니까 몇 년 지나지 않아 집안 곳곳에 감이 주렁주렁 달리기 시작했다. 감이 익기 시작하면 갑자기 부자가 된 듯한 느낌을 받는다. 집안 곳곳에 마치 시집온 색시처럼 익기 시작하는 감이 발그스름하게 볼을 붉히면서 나를 즐겁게 한다.

스물두 살까지 이 집에서 살았다. 칠팔 세 될 때 집안으로 들어오는 이 골목에서 아주 놀랐던 일이 있다. 우리 집은 큰 골목에서 다시 소로로 칠팔 미터 들어와야 있었다. 이 골목을 들어올 때면 항상 으스스한 기분을 느꼈다. 앞집 울타리 옆으로 잡풀이 무성하게 자라고 있었기 때문이다. 어느 날 그 잡풀 속에 이상한 짐승이 웅크리고 있는 것을 보았다. 너무 놀라서 큰 소리를 치며 집안으로 들어서지도 못하고 골목 밖으로 도망을 쳤다. 이웃집 어른들이 나의 고함소리에 놀라서 모두 나왔다. 십여 명이나 되었다. 어른들은 왜 그랬느냐고 물었다. 나는 숨을 제대로 쉬지 못하면서 잡풀 속에 큰 짐승이 웅크리고 있었다고 말했다. 어른들은 내가 가르치는 곳을 가 보면서 아무것도 없는데 왜 그러느냐고 물었지만 나는 대답을 하지 못하고 있었다. 분명히 그곳에 큰 짐승이 웅크리고 있었는데, 다시 보니 우묵한 잡풀만 무성하게 서 있는 것이다. 내가 잘못 본 것임에 틀림없다. 분명히 여기 있었는데, 하면서 고개를 떨어뜨리고 나오니까 어른들은 내가 무엇을 잘못 보고 고함을 친 것이라고 막 웃기 시작했다. 그 잡풀이 내 눈에 짐승이 웅크리고 있었던 것으로 보였던 모양이다.

또 한번 놀란 것은 무심코 그 골목을 빠져나오다가 하마터면 큰 구렁이를 밟을 뻔한 일이었다. 나는 어릴 때부터 뱀을 아주 무서워했다. 하늘만 쳐다보고 그 골목을 나오다가 큰 구렁이를 밟기 바로 직전에 물러섰으니 얼마나 놀랐겠는가. 이 일은 우리 집 감자밭에서 뱀을 다시 밟았던 일과 연관되어 이후부터는 뱀이라면 내가 가장 무서워하는 짐승이 되었다. 아버지 어머니도 계셨고, 일을 돕는 이웃집 아주머니들도 많이 있는 환한 대낮인데도 여간 놀라지 않아서 한동안 마음을 안정시킬 수 없었다. 감자밭에 맨발로 들어가서 이리 뛰고 저리 뛰고 할 때인데 맨발로 뱀을 밟은 것이다. 뱀이 주둥이를 번쩍 드는 것을 보았다. 나는 땅에 발을 내려놓지 못하고 한 발로 뛰면서 그 밭을 간신히 빠져 나왔다. 이후 뱀이라면 질겁하고 도망친다.

남지는 인구가 만 명쯤 되는 소읍이다. 인구로 치면 군내에서 가장 많다고 하는데, 그때까지만 해도 면 소재지였다. 땅콩의 주산지였고, 후에는 배추, 상추, 고추 등의 채소 산지로 인근에 알려져 있다. 낙동강을 건너면 얼마 되지 않는 곳에 이룡이 있었다. 이룡은 토마토 주산지였다. 그런데 그 시절 나는 안타깝게도 토마토를 먹지 못했다. 강 건너 서쪽으로 의령군이 있다. 그곳에서는 전국적으로 유명한 인물들이 많이 배출되었다. 초대 문교부 장관을 지낸 안효상 박사가 그곳 출신이고, 한글학자로 유명한 이극로 박사, 한국의 경제 부흥을 이끈 삼성의 창업자 이병철 씨가 그곳 출신이다. 근처의 소읍으로 영산, 창녕이 있다. 그곳에서는 출중한 인물들이 많이 배출되었다. 하지만 남지는 내세울 만한 사람이 없어서 늘 그것이 동네 사람들의 불만이었는데 그도 그럴 것이 남지는 아주 늦게 형성된 마을이기 때문이다. 낙동강 홍수의 퇴적으로 뒤늦게 생긴 마을이다. 조선조에서는 사람들이 별로 살지 아니한 것 같다. 조선조 늦게까지 제대로 된 마을로 인정받지도 못하다가 최근에 와서 농산물의 주산지가 된 것이다. 그래서인지 중앙 정계의 인물들도 남지 출신들이 몇 있다. 최근에 매스컴에 오르내리고 있는 사람들이 있어서 다음 차례는 남지에서 큰 인물이 나올 것이라고 우리끼리 농담을 한다.

나는 나의 집을 내 나이 스물두 살 될 때 팔았다. 학비를 대기 위해서였다. 그 후 2년은 강변이 보이는 집이기는 했지만 아주 작은 집이었다. 부득이했지만 그렇게 하지 않을 수 없었던 것이 못내 가슴이 아프다. 어쨌든 내 나이 스물네 살 때 대학을 졸업하고 남지를 영영 떠났던 것이다. 서울의 이곳저곳으로 이사를 다니면서도 내 고향 남지를 한 순간도 잊어 본 적이 없다.

남지를 떠나서 산 지 어언 오십오 년, 내 어릴 때의 온갖 아름다운 추억은 어제인 것같이 새롭다. 하지만 근년에 남지에 한 번 갔다가 크게 실망하고 돌아온 적이 있다. 내 마음속에 간직되어 있는 남지가 아니었기 때문이다. 지금은 수몰지구가 되어서 내가 살았던 곳은 흔적도 없다.

누가 고향이 어디냐고 물으면 나는 남지라고 대답한다. 수몰지구로 사라진 그 남지가 아니라 내 마음속에 살아있는 그 남지를.

난감한 질문을 받고 난 뒤에

1975년이라고 기억된다. 내가 뒤늦게 풀브라이트 장학생으로 선발되어 최종 면접시험을 받을 때 이런 질문을 받고 쩔쩔맸던 기억이 난다.

"당신은 지금까지 한국문학을 공부하고 또 학생들에게도 가르쳐 왔는데, 한국문학의 특성이 무엇이라고 생각하십니까? 가령 여기 중국문학, 일본문학을 전공한 학자들이 앉아 있다고 생각해 봅시다. 그분들께 한국문학의 특징, 즉 그들 문학과는 다른 어떤 특징을 지니고 있다고 생각하십니까. 요컨대 한국문학만이 갖고 있는 특징을 무엇이라고 설명하시겠습니까?"

이런 질문을 느닷없이 받으니까, 참으로 난감했다. 당황하는 내 모습을 보이기 싫어서 우선 이렇게 말했다. "그건 한마디로 대답하기가 매우 어려운 질문이라고 생각합니다.” 이전에 별로 생각해 보지도 않았던 질문이기 때문이다.

“그래요. 그러면 열 마디로 말해도 좋습니다. 말씀해 보십시오.” 후에 안 일이지만 그분은 S 대학 영문과 교수로 계시는 분이었고, 이미 풀브라이트 스칼라십으로 미국에서 공부를 마치고 돌아온 분이라고 했다.

나는 선배 학자들이 한국문학의 특성에 대해서 한 말을 더듬어 보았지만, 신통한 대답이 생각나지 않았다. 문득 고등학교 교과서에 실린 조윤제, 이희승 선생님의 글이 생각나서 더듬거리며 말했다. 그중에서 ‘은근과 끈기’라는 말이 유난히 머리에 남아서 그 말을 영어로 번역해서 말하느라고 진땀을 뺐다. 내가 생각해도 만족스럽지 못한 대답이라 손을 들고 말았다. ‘죄송합니다. 잘 모르고 있는 것이 사실입니다.” 하고 실토했다. “그래서 미국에 가서 공부해 보려고 이 시험에 지원한 것 아닙니까. 합격시켜 준다면 문학의 세계시장이라고 하는 미국에 가서 공부하고(비교문학이 내가 지원한 분야다.) 대답을 드리겠습니다. 장학금을 받아서 공부를 성공적으로 끝내고 오면 그때는 속 시원히 대답해 드리겠습니다. 그때까지 기다려주십시오.”라고 했더니, 심사원들이 박장대소하며 웃었다. 위기를 간신히 모면하기는 한 셈이지만 썩 기분이 유쾌하지는 않았다. 그 말대로 겨우 합격해서 4년간 장학금을 받고 비교문학을 공부했다. 종합시험까지 합격하고 돌아왔으나 여전히 속 시원한 대답을 가지고 있지는 못했다.

이후 어느 학회에서 비슷한 주제로 발표한 적이 있지만 전혀 마음에 들지 않아 내 논문집 어디에도 실리지 않았다. 한국소설과 영미소설을 비교하면서 간단히 언급한 것이다. 지금 생각해도 도무지 마음에 들지 않는 접근법이었다. 상식 수준 이상도 이하도 아니었다. 이후 그 발표만 생각하면 부끄러워서 말도 꺼내기 싫었다.

요즘 들어서 왜 그 주제를 좀 더 치밀하게 분석하고 연구해 보지 못했을까 하고 후회스럽고 부끄럽기 짝이 없다. 지금부터 공부하기에는 아무래도 너무 늦었다는 느낌이 든다. 우선 눈이 침침해서 작은 활자로 된 글을 읽을 수 있을지 문제이고, 끈질기게 주제를 천착해 갈 자신도 없다. 정신적으로 끈기가 소진되어 버렸기도 하지만 참고문헌을 몇 장만 읽어도 눈이 아물아물하다. 내가 갖고 있는 책은 그나마 전부 포켓판이라서 나의 흐릿한 눈으로 보기에는 지난하다.

최근에 노인복지관에서 중국어 초보 회화를 배우고 있다. 치매 예방에 좋다고 해서 노니 염불한다고 배우는 시늉을 하고 있는 셈이다. 다른 언어니까 당연히 그렇겠지만 우리말과 어법상 너무 다르고 영어와 문맥이 비슷하다고 들었지만 실제로는 상당히 달랐다. 물론 일본어와도 크게 다르다. 말의 특성이 이렇게 다른 것을 보고 아하, 문학의 특성을 말하려면 먼저 말의 다름에 주목하지 않으면 안 되는구나 하는 생각이 들었다. 문학도 진작 이런 점에 유의해서 그 특성을 살펴보아야 했을 걸 하는 생각이 든다. 이미 말한 바와 같이 논문으로 완성시키기에는 늦었다는 생각밖에 들지 않았다.

지금은 내 체험과 정감을 토대로 글을 쓰고 있는, 논문이 아니라 말하자면 수필을 쓰고 있으니까 우선 생각나는 대로 수필 형태로 몇 자 적어보려고 한다. 어떤 학자가 논문을 잘못 써 오면 또 수필 써 왔구나, 하고 학생을 나무랐다는 말이 있는데 바로 그 수필로 말해 보려는 것이다. 후배들에게 이 주제에 대해서 좀 생각해 보라는 뜻에서 하는 말이다.

한국말을 배우는데 가장 어려운 점은 경어법이라고 외국인들은 입을 모아 말한다. 같은 동양인데도 중국은 경어체계가 거의 없다(거의라고 말하는 것은 전혀 없다는 뜻은 아니다). 한국말의 경어체계는 참으로 복잡하다. 한국 태생의 사람도 제대로 익히기엔 어려운데 외국인인 경우는 참 많이 헷갈린다고 한다. '나' 란 말만 놓고 볼 때 한국인인 경우에 상대에 따라 '나' 와 '저' 를 분명히 구별해서 써야 한다. 그러나 중국인은 '워' (我) 하나면 족하다. '당신' 이란 말에 대해서 중국어는 '니' 라는 말로 두루 쓰고 있다. 아버지에게나 할아버지에게나 선생님에게나 아들에게나 친구에게나 같은 말을 쓴다. '닌' 이는 말을 쓰는 경우도 있지만 특별한 경우다.

그 외에도 우리말의 경어법은 복잡하기 이를 데 없다. 우선 주체경어법과 객체경어법으로 나눈다. "정순아, 이 편지 오빠한테 갖다 주어라."와 "정순아, 이 편지 할머님께 가져다 드려라."는 분명히 다른 경어 체계다. "비가 온다.", "비가 와요.", "비가 옵니다." 등은 상대경어법이라고 할 수 있다. 이 외에 같은 말에 대하여 형-형님, 누나-누님, 선생-선생님, 과장-과장님처럼 달리 쓴다. 상대에 따라, '해라체', '하게체', '하오체', '합쇼체', '해요체', '해체' 등의 구분이 있다. 서양문화가 들어오면서 이들의 체계가 많이 허물어지긴 했지만 아직도 그 근간은 살아있다. 이러한 경어법을 외국인이 익히기에는 보통 어려운 것이 아니다. 내가 예를 든 것은 극히 일부에 불과하다.

일본어에도 우리말과는 다르기는 하지만 복잡한 경어체계를 가지고 있다. 하지만 재미있는 현상은 중국어나 일본어는 받침이 없는 말을 쓴다는 사실이다. 우리말에는 분명히 'ㄱ', 'ㅋ', 'ㄷ', 'ㅅ', 'ㅎ', 'ㅋ' 등의 받침이 붙어서 단어의 뜻을 구별한다. 그러나 중국어에는 이런 받침이 없고, 그 대신 사성(四聲)으로 같은 단어라도 그 뜻을 구분한다.

일종의 성조라고 할 수 있을 것이다. 이백이나 두보, 소동파의 시가 절창으로 느껴지는 것은 그 내용에도 의미가 있지만,

성조가 조성하는 그 시적 정감일 것이다. 소월의 시가 정서에 울림을 주는 것은 율조에 기인하고 있다. 그러나 중국어의 사성에 비길 수 없다. 일본어는 받침이 없는 낱말로 이루어져 있으면서 나름대로 한중 양 언어의 특성을 적절하게 이용하고 있는 듯이 보인다.

이런 말의 특성의 다름이 감정의 표현에 아주 다르게 나타날 것이고, 그 문학의 특성도 다르게 결정된다고 보인다. 왜냐하면 문학은 언어의 예술이기 때문이다. 훌륭한 번역자들이 출현해서 그 문학의 특징을 잘 살려나가는 것은 그것대로 추장할 일이지만 언어의 상이성을 철저히 고찰하지 않는다면 역시 한계점이 있다는 것을 느낀다. 훌륭한 문학 작품은 언어의 장벽을 초월해서 감동을 준다고 흔히 말한다. 작가의 예술혼이 담겨 있기 때문이다. 학자들은 모름지기 언어의 상이에서 오는 그 특성을 면밀히 고찰하지 않으면 안 된다고 생각한다. 한 언어의 특성이 그 작품에 어떤 영향을 미치고 있으며, 그것은 다른 언어와의 표현과는 어떻게 다른가를 고찰해야 한다는 생각이다. 그 문학의 특성을 규명하는 데 중요한 단서가 된다는 사실을 강조하고 싶다.

뒤늦게 규명하기 어려운 문제를 제기만 하는 늙은이의 고언이다.

뒤늦게 깨달은 나의 존재 가치

그럭저럭하다 보니 수필이라고 쓴 지도 40년은 넘게 되는가 보다. 그렇다고 해서 썩 마음에 드는 수필을 쓴 것 같지도 않고, 기억에 남을 만한 수필도 없다. 그런데도 수필이라고 써서 컴퓨터에 저장해 두고 있다. 요즈음 들어서는 그나마 신통찮은 글조차 써지지 않는다. 아무 글도 쓰지 못하고 있는 것이 스스로에게 화가 나서 컴퓨터 앞에 앉아서 소재도 주제도 없이 글을 써 내려갈 때가 있다.

그렇게 끼적거려 놓은 글을 며칠 뒤에 보고 지워버릴까 어쩔까 망설이다가 어디 어떤 식으로 말이 되느냐고 말이 되는 대로 끌고 가 보기로 한다. 그러나 몇 줄 안 가서 멍한 정신으로 그만둔다. 다시 읽어보니 말도 안 되는 소리다. 말도 안 되는 소리를 억지로 몇 줄 더 끌고 가다가 다시 팽개쳐 버린다.

도대체 글이 되어 주지 않는 것이다. 아니, 쓸 거리가 무엇인지도 모르고 있다. 수필을 가르칠 때 내가 늘 하는 소리는 소재는 천지에 얼마든지 널려 있다. 어떻게 요리하느냐가 문제지 소재가 없다는 말은 결국 글 쓰는 재능이 없다는 소리와 마찬가지라고 했던 말이 결국 내게 한 소리다. 사실은 자신도 잘 모르면서 거짓말을 한 셈이다.

다시 생각해 보니 어지간한 소재들은 다 써 버린 것 같다. 전부 나에 관한 이야기이거나 내 주변에서 일어난 일이기 때문이다. 젊었던 시절은 쓸 것도 많았는데 이제는 쓸 감조차 생각나지 않는다. 감각이 둔해진 탓인지 진부한 표현이 어구마다 나타나고 있어서 눈에 거슬린다. 수강생들의 글을 고쳐주면서 왜 이렇게 썼을까 하고 의심이 들다가도 내가 바로 이런 짓을 하고 있구나 하고 자탄한다. 어떤 때는 나보다 참신하게 사물을 보고 있구나 하는 생각이 들 때도 있다.

가끔 세상을 이상스럽게 보고 서술하는 젊은 사람들이 있어 세상 보는 경험이 없어서 그렇게 말하는구나 하고 개탄할 때도 있었지만, 다시 생각해 보니 그들이 틀린 것이 아니라, 내가 너무 낡은 방식에 사로잡혀 있구나 하고 반성할 때가 있다. 나이 많으면 경험이 풍부해서 좋은 점도 있지만 낡은 사고방식에서 벗어날 수 없는 고질도 있다.

촛불 시위로 인해 세상이 매우 시끄러워졌다. 별것 아닌 것

가지고 왜 그 난리를 치느냐고 옆 사람에게 말하기도 했지만, 별것이 아닌 것은 아닌 모양이었다. 곧이어 태극기 집회가 시작되었다. 양편이 자기 측의 주장이 옳다고 물러설 기미가 보이지 않았다. 두 집회가 맞붙어 저 야단을 치면 장차 이 나라는 어떻게 되나 하는 것이 나의 걱정이었다. 이웃의 한 친구는 출근하다 시피태극기 집회에 참가했다. 나이 든 측은 대체로 태극기 집회에 참가했다. 그렇지만 젊은 측은 촛불집회를 대체로 찬성했다. 어쨌든 촛불 집회가 승리해서 대통령의 탄핵이 결정되고 선거가 다시 치러져서 새 대통령이 나왔다. 나의 수필을 수강하는 사람들도 드러내놓고는 아니지만 양편으로 갈라져 자기 편이 옳다고 주장하고 있다. 새로운 정치 지도자가 등장했으니 뭔가 굉장히 달라지겠구나 하고 생각되지만 몇 달 못 가서 그 나물에 그 밥이구나 하는 말이 나오지 않을까 염려스럽다.

현실이 이렇게 급격하게 바뀌고 있는데, 글 쓸 소재가 없다는 것은 말도 안 되는 소리라고 스스로에게 꾸중을 하지만 나에게는 소재가 될 수 없다는 것을 깨닫는다. 정치가도 아니고, 정치평론가도 아니니까 그럴 수밖에 없지 않느냐고 스스로에게 위로를 하지만 마음은 편치 않다. 정치를 소재로 해서 글을 쓸 생각은 애초부터 하지 않지만 그렇더라도 사회현실에 대해 눈을 감고 있을 수는 없지 않은가.

요즘 들어 새로 나오는 책을 전혀 읽지 못하고 있다. 안력이 나빠졌기 때문이다. 책을 읽지도 못하고 쓰지도 못하니 그렇게 답답할 수가 없다. 읽지도 쓰지도 못하면 나는 무슨 일을 해야 하는가 하고 자문해 본다. 대답할 말이 없다. 이전에는 수시로 책을 출판하는 사람을 무시했지만, 이제는 무시는커녕 존경스럽다. 내가 가지고 있지 않은 재능을 가지고 있는 사람이기 때문이다. 물론 귀한 저서와 잡동사니가 혼재해 있어 가리기는 어렵지만.

가치를 정하는 사람을 쉽게 구별할 수 있는 방법은 없다. 그렇지만 기왕이면 가치 있는 일을 하고 싶은 것이 사람의 마음이다. 지금 내가 하고 있는 일이 과연 가치 있는 일일까 하는 의문이 들 때가 많다. 물론 능력은 되지 않지만 가치 있는 일을 하고 싶다. 그 구별도 쉽지 않은 일이지만, 일을 하는 열의도 문제다. 열심히 했던 일이 결국 가치 없는 일이 되고 마는 경우가 흔하지만 아무 일도 하지 않고 가치 있는 일만 하겠다고 우기는 것도 우스운 일이다. 연목구어(緣木求魚)란 말을 이럴 때 쓰는지도 모르겠다.

평생교육원에서 수필을 강의한 지 15년이 넘었다. 돌아보니 감개무량하지만 수강생들에게 과연 무슨 도움을 주었을까 하는 생각을 하면 부끄럽기도 하다. 그렇지만 나를 팽개치고 떠나지 않고 있는 것은 더할 수 없이 고마운 일이다. 지금껏 지탱하고 있는 것이 내 스스로 생각해도 대견스럽다. 자기가 써온 작품을 읽고 다른 수강생의 의견을 듣게 하고, 내가 그 글에 보태서 말하고, 조금 어색한 표현을 고쳐주는 일이 내 시간에 하는 일이었다. 그러는 사이에 서로 정이 들었고, 그 정이 끈끈해서 쉽게 떠나지 못했던 것은 아닐까. 아, 그렇지. 그러는 사이에 수강생 자신들도 자신을 돌아볼 수 있는 기회를 갖게 된 것도 이 반을 지탱할 수 있게 한 중요한 요인이 된다.

소재가 떨어져서 글을 쓰지 못해 한탄하고 있는 내게도 위안이 된다. 앞으로 내 글을 쓰기가 더욱 어렵게 될지도 모른다. 눈이 좋지 않아 책을 전처럼 볼 수 없는 것, 손이 떨려 컴도 자유롭게 칠 수 없는 것, 무엇보다 두뇌의 능력이 떨어지고, 지구력이 줄어든 것이 바로 문제다. 이제는 수필을 가르친다기보다 같이 읽고 같이 쓰면서 즐기는 정다운 문우가 되는 것이다. 그것으로나마 앞으로 이 반을 위해서 할 수 있는 나의 조그만 공헌이 될 수 있다. 사람은 자기가 존재하는 가치를 조금이라도 인정해야 살 의욕을 느낀다. 그렇다. 뒤늦었지만 나의 존재 가치를 이 수필반에서 찾아볼 수밖에 없다.

제5부

바람 속에 산 인생

바뀌고 있는 사회

주말 저녁이면 뉴스를 다 듣고 난 뒤에 으레 따라 나오는 주말 드라마를 본다. 언젠가부터 우연히 보기 시작한 드라마가 재미있어서 보기 시작한 것이 습관처럼 되어 버렸다. 내용은 혼자 된 아버지가 자식들을 위해서 맹목적으로 봉사하고 살고 있었는데, 어느 날 문득 생각해 보니 아이 놈들은 조금도 고맙게 생각하지 않고, 으레 자식들을 위해서 아버지는 그렇게 일만 해야 하는 사람인 줄 여기고 있는 것이다. 게다가 한 술 더 떠서 그동안 모은 재산을 당연히 저희들이 차지할 줄 알고 나누어 가질 생각만 하고 있었다.

그런 사실을 보고 아버지는 엉뚱한 생각을 한 것이다. 아들과 딸을 불러서 그동안 키워온 양육비를 청구하기로 한 것이다. 변호사를 통해서 자식들을 모아놓고 그 사실을 자식들에게 통고한다. 그동안 키우고 교육시켜 온 비용을 전부 계산해서 청구한다고 통고했다. 자식들은 아닌 밤중에 날벼락을 맞은 일처럼 황당한 통고라고 생각했다. 당연한 것으로 받아들여 온 사실을 아버지가 갑자기 그런 통고를 하게 되었는지 그것이 더 이상했다. 그렇게 자상하고 오로지 자식들만을 위해서 일해 온 아버지가 갑자기 그런 발상을 한다는 것이 이상할 뿐이다. 전혀 예상치 못한 일을 변호사까지 불러서 소송을 제기한다는 것은 전혀 상상도 못한 일이다.

재판에까지 회부되지는 않지만 우리 사회의 일각에서도 비슷한 일이 사실로 일어나고 있는 것을 본다. 한 푼 두 푼을 아끼면서 먹을 것도 제대로 먹지 못하고 자식 교육을 위해서 전력을 쏟았는데 성장해서 입신출세한 자식들은 서로 부모를 떠맡지 않으려고 다툼질을 하는 일을 흔하게 본다. 성장해서 제 가정을 꾸미고 살면 부모가 오히려 귀찮은 존재가 된다. 자식들의 체면을 깎을까봐 말도 못하고 속앓이를 하는 부모가 많다는 얘기다. 그래서 노후를 위해서는 자기 생활의 몫은 남겨놓고 자식에게 투자하라고 인생 상담원들은 권고하고 있다. 그렇지만 서양에서나 그렇지, 한국의 부모들은 있는 것 다 털어서라도 자식 공부 뒷받침에 전력투구한다. 아니, 때로는 빚을 내서라도 자식 공부에 투입한다. 뒷감당은 어떻게 할지 전혀 계획도 없으면서. 이런 오랜 전통이어서 생각을 바꾸기란 그리 쉽지 않다.

언젠가 가정부를 하면서 생활을 이어 가던 어머니가 자식이 대학에 불합격했다는 말을 듣고 자살을 했다는 기사를 읽은 적이 있다. 자식에게 모든 희망을 걸고 있었던 어머니는 하늘이 무너지는 만큼의 절망감을 맛보아서 그런 일까지 저질렀을 것이다. 미국에서는 고등학교만 졸업하면 자식에게 자기 임무를 다했다는 듯이 자립해야 하는 것이 당연한 것으로 생각한다. 수입이 아주 좋은 친구 의사의 아들이 자기 집 쓰레기 치우는 일에 아르바이트로 와서 일하고 있는 아들을 보고도 전혀 놀라지 않더라는 말을 한 적이 있다. 내 친구는 그 청년을 보고 네가 이런 일을 하는 있는 것을 보고 너의 부모가 가만히 보고 있더냐고 물었더니, 아주 당연하다는 듯이 그게 뭐가 이상하냐고 되물었다고 한다.

'출산 절벽' 이라는 말이 연일 신문에 보도되고 있다. 젊은이들이 아이들을 낳지 않아 한국인의 인구가 급속히 줄어들고 있다는 것이다. 이유야 많지만 그중에서 가장 큰 원인은 자녀들의 교육비가 너무 버거워서 그렇다고 한다. 사교육비 때문이다. 학교에 내는 돈은 이전에 비하여 훨씬 줄어들었는데 바로 이 사교육비 때문에 그렇다는 것이다. 이전에 비해 교육비 혜택도 많다. 우선 도시락을 싸올 수 없어 쉬는 시간에 몰래 밖에 나가서 수도 물을 먹고 견디었다는 말을 이전에는 수없이 들었다. 그런데 지금은 학교 급식이 우리 집 식단보다 못하지 않다고 말할 정도다. 중학교에서는 월사금이 없어서 집으로 쫓겨 갔던 일이 어제 오늘 일같이 눈에 선하게 떠오른다. 점심, 학용품까지 주는 학교 교육 수준이 되었건만 그것조차도 모자라서 사교육비에 투입하는 돈이 너무 많아 자식을 낳지 않겠다니, 수십 년 사이에 이렇게 사정이 달라졌단 말인가.

도대체 사교육비가 얼마나 들기에 그렇게 겁을 먹느냐고 했더니, 그 액수가 여간이 아니다. 공무원 봉급의 절반 정도나 든다고 했다. 아이가 둘이나 셋쯤 되면 봉급을 다 털어넣어도 모자랄 판이다. 전부 학원에 갖다 바치는 돈이란다. 학원 문앞도 가 보지 않고, 나는 대학에 잘만 들어왔다고 했더니, 옛날 호랑이 담배 피우던 시절의 얘기는 하지 말라는 것이다.

선진국이라고 해서 왜 사교육이 없겠느냐마는 한국처럼 이렇게 난리를 피우는 일은 드물다. 옆집 애가 무슨 무슨 학원을 다녀서 성적이 올랐다고 하면 가만히 있지 못하는 것이 한국의 주부다. 주부만 그렇다고 하면 여성비하 발언을 한다고 욕이라도 퍼부을까봐 겁이 난다. 남편도 같은 생각이니까 동조하는 것일 게다. 사실로 말해도 자식이 잘되어야만 부모는 어깨를 펴고 산다. 사교육만 줄곧 받았다고 해서 반드시 성공한 인간이 되었다는 보장도 없는데 그만둘 기미는 보이지 않는다. 우선 눈에 띄는 대로 애가 타서 그러는 심정은 알겠지만 참으로 안타깝다.

자식이 잘되는 것을 바라지 않는 부모가 어디 있겠느냐마는 유독 한국이 심한 것은 유교 문화의 인습 때문이라고 생각된다. 조선을 지배한 문화는 유교다. 구세주가 없으니까 종교가 아니라고 주장하는 사람도 있지만 그렇지 않다. 한국인에게는 차라리 종교 이상의 신앙이다. 물론 지금은 어느 정도 식어가고 있는 형편이지만, 마음속에 깊이 깊이 새겨진 문화 유산이다.

조선조 말 기독교인들이 심하게 탄압을 받았다는 것을 우리는 알고 있다. 그 유적지가 한국의 곳곳에 남아 있는 것을 본다. 한 종교가 다른 종교를 탄압했던 것을 우리는 흔하게 보았다. 유럽의 여러 형태의 종교전쟁, 특히 백년전쟁 동안 수많은 사람들이 죽었다. 기독교와 이슬람교의 다툼은 지금도 계속되고 있다. IS의 무자비한 테러가 끊이지 않는 것도 같은 이유에서다. 구세주가 없는 유교가 어째서 기독교인을 무자비하게 탄압했을까, 도무지 이해되지 않는 측면이 있다. 그 이유를 꼭 집어서 하나로 말한다면 유교에서 가장 중요한 교리(?)가 되는 조상에 대한 제사를 거부했기 때문이다. 수백 년을 몸으로 마음으로 관습화되었던 조상에 대한 제사를 하지 못하게 되었으니, 화가 나지 않을 수 없었을 것이다. 이것은 잠시 깊었던 신앙과 다르다. 수십 년과 수백 년은 그 문화의 깊이가 다른 것과 같다. 사교육은 그 수백 년의 전통과 문화에 신앙의 뿌리가 내려져 있는 것이다. 쉽게 뿌리칠 수 있는 것 같아도 절대로 그렇지 않다.

온 세계를 뒤덮고 있는 서구문화가 무서운 동력으로 우리 사회를 바꾸어 놓고 있다. 우선 일상으로 쓰고 있는 언어를 보아도 우리말에 상상할 수 없을 정도로 영향을 끼치고 있다. 영어를 별로 알 것 같지 않은 일흔이 넘은 노인들을 향해 '엑셀런트' (excellent)한 능력을 발휘했다고 말하는 목사님을 우리는 탓할 수 없을지 모른다. 미국에서 교수를 하고 있던 미국인 친구가 한국에 와서 영어로 적힌 간판이 그렇게 많을 줄 몰랐다고 감탄인지 비웃음인지 하는 말을 들었다. 그 말을 듣고 거리를 지나다 다시 보니 지식인도 쉽게 알기 어려운 말을 상호의 간판에 쓰고 있는 것을 보았다.

분명히 우리 사회와 문화가 빠르게 바뀌어 가고 있는 것은 사실이다. 그러나 우리 사회에 샤마니즘이 깊이 내리고 있듯이(정치인 대부분이 의원 후보로 나설 때는 점쟁이를 찾아가 간다고 하지 않는가.) 유교의 뿌리도 보이지 않지만 깊이 내려져 있다는 것을 인정해야 할 것이다. 물론 그것 때문만으로 인구 절벽이 시작되고 있지는 않다. 서구에서 들어온 개인주의와 맞물려서 더욱 심화되고 있다고 보아야 한다.

안으로 깊이 내재해 있는 유전과 같은 신앙은 파도처럼 밀려오는 저 서구문화에도 강한 힘으로 아직도 버티고 있다. 쉽게 막을 수는 없을 것이다. 걱정하고 있는 내가 바보 같다는 생각이 든다. 전통이나 문화는 바뀌기 마련이다. 다만 시간이 얼마나 걸리느냐가 문제일 뿐이다. 머리를 깎느니 내 머리를 베어라고 외쳤던 시절이 있었다는 사실은 지금은 까맣게 잊고 있지 않는가.

바람 속에 산 인생

미당의 시 〈자화상〉 속에 "스물세 해 동안 나를 키워온 것은 팔 할이 바람이었다."라는 구절이 있다. 말 그대로 하면 스물세 해 동안 아무도 그를 키워주지 않았고 거의 바람만 마시며 살았다는 뜻이다. '팔 할'이라고 했으니 바람만이 아니고 이 할은 다른 요인이 있었다는 셈이다. 왜 하필 팔 할이라고 했을까. 9할은 너무 많고, 7할은 좀 적다는 말인가. 세속적인 의미에서 말한다면 참 불효망측(不孝罔測)한 자식이다. 부모님이 애지중지하면서 키워준 공은 겨우 2할에 불과하다는 말이다. 아니 학교를 다니면서 받은 교육도 있으니까 그보다 적을 수도 있다. 결국 말하고 싶은 것은 그가 자란 것은 누구의 영향도 받지 않고 거의 혼자 자랐다는 뜻일 게다.

이어서 시인은 이렇게 읊는다. "세상은 가도 가도 부끄럽기만 하드라/ 어떤 이는 내 눈에서 죄인을 읽어가고/ 내 입에서 천치(天痴)를 읽어가나/ 나는 아무것도 뉘우치진 않을란다." 아무에게도 말할 수 없는 부끄러운 삶을 그때까지 살아야 했다는 것이다. 무엇이 그를 그렇게 부끄러운 삶이 되도록 했을까. 일제의 잔혹한 통치를 받고 있던 시대에 살고 있었던 처지라 삶 자체를 부정하고 싶은 심정이었을지 모른다. 그런 상황에서 본다면 그를 키워온 것은 팔 할이 바람이라고 해도 틀린 말은 아니다. 천치마냥 웃고 살지 않으면 미쳐 버릴 것만 같았던 젊은 시절의 그 심정을 짐작할 만하다.

흔히 아무 꿈이 없을 때 "바람 부는 대로 산다."라고 한다. 형편 되어 가는 대로 산다는 뜻으로 보는 것은 차라리 긍정적으로 세상을 보고 있다는 뜻이 되지만 아무 생각도 없이 되는 대로 산다는 나쁜 뜻도 있다. "애비는 종이었다." 든지, "어매는 달을 두고 풋살구 꼭 하나만 먹고 싶다"라고 한 말이라든지, "흙으로 바람벽한 호롱불 밑에 손톱이 까만 에미의 아들" 등으로 표현한 그의 어린 시절의 회상은 결코 호사스럽게 자랐다고는 할 수 없었던 것 같다. 그렇다고 해서 어느 평론가의 추측처럼 시인의 아버지가 실제로 종이었다고 진술하는 것은 너무나 어린애 같은 단순한 단정이다. 지독한 가난 속에 허덕이면서 살아가는 그 시절의 우리 모습이 그 속에 담겨 있다. 자라면서도 스스로 그 어려운 상황을 이해하고 사는 이치를 터득해 갈 수밖에 없다는 뜻이 그 속에 내포되어 있다고 보아야 할 것이다. 가난으로 허덕이고 있는 나라 전체의 운명을 자신의 처지를 통해 시사하고 있다고 할 수 있다.

바람이란 물리적으로 말하면 고기압 쪽에서 저기압 쪽으로 이동하는 공기의 이동이다. 그 움직임이 전혀 없을 때는 답답하지만 지나치게 많을 때는 어지럽다. 바람의 세기에 따라 명칭도 다르고 느끼는 기분도 다르다. 살랑살랑 불 때는 기분 좋은 바람이다. 봄바람이나 가을바람을 연상한다. 너무 거세게 불 때는 강풍이라고 해서 그 정도에 따라서 여러 개의 이름이 있다. 추위가 심할 때의 강풍은 살을 에는 듯한 아픔이 따른다. 살기 좋다고 하는 미국이지만 남부 어느 지방에서는 이따금 나타나는 휘오리바람(허리케인이라고 그들은 부르고 있다.)이 있어 사람도 들어 올리고, 차까지 들어 올려서 팽개치는 무서운 바람도 있다.

바람은 도처에 있고 만나는 처지마다 기분이 다르지만 바람을 맞는 사람에 따라 만나는 처지에 따라 그 기분은 전혀 다르다. 더운 여름 한 줄기 소나기가 지나가고 난 뒤에 만나는 바람은 더할 수 없이 기분 좋은 바람이다. 엄동설한 살을 에는 듯한 매서운 바람을 맞고 걸어갈 때는 걷기조차 괴롭다. 어찌해서 같은 바람이지만 질이 이렇게 다른 바람이 될까.

내가 공군에 근무할 때는 바람의 시속을 수치로 재어서 보고해야 했다. 레이더 사이트에 근무했기 때문이다. 이곳에서는 산들바람이라든지 서늘바람이든지 하는 말은 아무 의미가 없고 초속 혹은 시속이 얼마가 되는지에 따라 보고해야 한다. 풍속을 기계로 정확하게 측정한 수치로 보고해야 한다. 바람의 속도를 정확하게 측정해서 보고하는 임무를 맡은 특수한 직책의 군인이 있다.

바람은 은유로도 많이 쓰이고 있다. 바람기 있는 사내, 바람기 있는 여인 등으로 말이다. 뭇 여인에게 눈짓을 보내면서 농탕칠 궁리를 하는 사내를 바람기 있는 남자라고 한다. 비단 남성에게만 그 말을 적용할 수 있으랴. 수적으로 바람기는 여성보다 남성이 많아 남성을 향해서 주로 쓰이지만 여성도 예외는 아니다. 여성의 바람기는 더 고약한 말로 표현한다. 하지만 여권이 점점 더 강해지고 있는 형편이다 보니 그 말의 뜻도 전도되어 나타날 전조도 보이고 있다. 개화기 전까지만 해도 남성의 바람기는 쉽게 허용되었지만 여성에게는 엄한 제재가 가해졌다. 바람기는 남녀 구분 없이 누구나 갖고 있다. 사회적 제재가 두려워 은밀하게 진행하거나 아예 꾹 참고 지낼 뿐이다. 사랑이라는 것으로 미화하고 있기는 하지만 사랑과 바람기는 전혀 다른 성질의 것이다. 오죽하면 예수님도 마음으로 간음한 자도 이미 간음한 것이라고 했을까. 마음으로 간음한 자가 수없이 많기 때문에 한 소리다. 건전한 육체를 가진 사람은 끌리는 이성에게 눈길이 가기 마련이다. 그것을 절제할 수 있는 것이 인간이다. 이미 오래전에 성인들이 한 말이다.

유치환의 시 〈바람에게〉는 이렇게 읊고 있다. "바람아, 나는 알겠다./ 네 말을 나는 알겠다./ 한사코 풀잎을 흔들고,/ 또 나의 얼굴을 스쳐 가/ 하늘 끝에 우는/ 네 말을 나는 알겠다.// 눈 감고 이렇게 등성이에 누우면/ 나의 영혼의 깊은 데까지 닿은 너./ 이 호호(浩浩)한 천지를 배경하고,/ 나의 모나리자!/ 어디에 어찌 안아 볼 길 없는 너.// 바람아, 나는 알겠다./ 한 오리 풀잎마다 부여잡고 흐느끼는/ 네 말을 나는 정녕 알겠다."

"알겠다."라고 반복해서 읊고 있지만 실상은 몰라서 하는 말이다. 이 시는 바람과 나의 교감을 표현하고 있는 시라고 흔히 말한다. 자연의 오묘한 섭리를 바람을 통해 알 수 있을 것으로 말하지만, 또 '바람'은 우주 만물의 존재에 대한 깨달음을 가진 어떤 것으로 보고 그 말을 알아들었다고 말하지만 사실은 알아듣지 못하고 있다. 알아듣기 위해 몸부림치고 있을 뿐이다. '나'와의 교감을 의인화해서 나타내고 있지만 정형화된 바람의 모습이 어디 있겠는가. 실체가 없는 존재에 대해서 하소연하고 있을 뿐이다. 정처 없이 떠도는 바람을 느끼면서 우리의 삶도 바람과 마찬가지로 이 우주 안에서 정처 없이 떠도는 존재라는 것을 깨닫고 있는 것이다. 이전부터 인생의 본질은 허무라고 이 시인은 생각하고 있다. 허무를 통해 인간의 본질적 의미를 깨닫고 그 허무를 극복해 보려는 의지가 스며있지만 그것은 안타까운 인간의 몸짓이다. 허무에 부딪치는 처절하고 아픈 의지만이 그에게 절절하게 다가오고 있을 뿐이다.

나야말로 뒤돌아보니 팔십 평생을 한 줄기 바람처럼 보낸 것 같다. 어제, 그저께 했던 일은 전혀 기억도 나지 않는데 칠팔 세 되던 때의 어린 시절은 선명하게 떠오른다. 그동안 나는 무엇을 했던가. 참 많은 경험을 하고 살았던 것 같기도 하다. 그러나 다시 생각해 보니 아무것도 한 일이 없이 이 나이가 된 것 같다. 한 줄기 바람을 맞고 보낸 내 인생이라고나 할까.

바퀴벌레의 젖

어느 대학에 부임해서의 일이었다. 동료 교수들이 나를 환영하는 회식을 한다고 하면서 같이 가자고 했다. 그런데 회식하는 집이 보신탕집이었다. 나는 개고기를 먹지 못한다고 했더니, 그 집에 삼계탕도 있으니까 그것을 먹어도 괜찮다는 것이다. 신임으로 온 나를 위한 회식인데 굳이 빠진다는 것은 실례인 것 같아서 따라 나서기로 했다. 이들은 개고기를 푸짐하게 시켜서 맛있게 먹었다. 나 혼자 삼계탕을 먹고 있자니 미안하기도 하고 좀 멋쩍기는 했다. 얼마쯤 지나서 고기 한 접시가 특별히 내 앞으로 내 왔다. 나는 개고기를 절대로 먹을 수 없다고 사양했더니, 그것은 개고기가 아니라고 했다. 개고기를 먹지 않는 사람을 위해서 특별히 주문한 고기라고 했다. 몇 점 먹어보니 맛은 괜찮은 같았다. 그래서 몇 점 더 먹었다. 옆의 동료 교수도 먹어 보면서, "맛있네. 이 고기는 개고기를 못 먹는 사람을 위해서 특별히 주문한 고기요." 많이 먹고 싶어도 먹을 수 없는 고기라고 했다.

회식을 마치고 나오는 자리에서 "아까 먹은 고기 뭔지 아시오?" 했다. 내가 의아해서 쳐다보고 있으니까 그것도 개고기라고 했다. 갈매기살이란다. 갈매기살이라는 말을 나는 그때 처음 들었다. 내가 놀라서 눈을 둥그렇게 뜨고 있으니까, "다른 사람 다 먹는데 못 먹는 음식이 어디 있소. 앞으로 보신탕도 가끔 먹어요. 그게 다른 어떤 음식보다 우리 사람에게는 좋다고 해요." 나는 멋쩍게 웃고 있을 수밖에 없었다. 하지만 지금도 나는 보신탕은 먹지 못한다. 개를 특별히 사랑해서 그런 것은 아니다. 그냥 보신탕 냄새만 맡아도 싫었다. 송천서실에 나갈 때도 회원끼리 복날 가까이 오면 으레 점심 식사로 보신탕을 먹었지만 나는 꼭 삼계탕을 먹었다. 맛없는 삼계탕인데다가 따돌림을 당하는 것 같아서 기분은 별로 좋지 않았다.

어릴 때부터 나는 못 먹는 음식이 많았다. 나의 고향 근방이 토마토 산지로 유명하다. 다른 사람들은 매우 즐겨 먹었지만 나 혼자만 먹지 않고 다른 과일을 먹었다. 어머니가 딱하다는 듯이 나를 보면서 이 맛있는 것을 왜 먹지 못하지, 하시면서 나 보란 듯이 맛있게 먹는 시범을 보여주기도 했다. 그렇지만 나는 고개만 절레절레 흔들었다. 토마토뿐 아니다. 해삼, 설렁

탕, 곰탕, 돼지고기도 먹지 못했다. 지금 생각하면 도저히 이해가 되지 않지만 그땐 그랬다. 지금은 다 잘 먹고 있다. 그렇지만 보신탕만은 여전히 사절이다. 어머니가 독실한 불교 신자여서 그 영향 때문인지 모르겠다.

장교 후보생 시절 가끔 돼지고기국이 나오면 처음은 맨 밥만 먹었다. 이상하게도 그 냄새만 맡아도 싫었던 것이다. 물론 돼지고기 건더기는 보일 리 없었다. 멀건 국이었지만 그 냄새에 질렸다. 몇 번 그러다가 그래 가지고는 훈련생활을 버틸 수 없을 것 같아서 코를 막고 먹기 시작했다. 몇 번 먹어보니 먹을 만해졌다. 이후 썩 즐기지는 아니했지만 먹지 않으면 안 될 사정이 생기면 먹을 수밖에 없었다. 그 후 공군 장교로 제주도에 부임해 와서 보지 말아야 할 장면을 보고 나서 더 이상 먹지 못하게 되었다. 변을 보고 있는 그 밑에서 돼지들이 꿀꿀거리며 쫓아오고 있는 모양을 보고 난 뒤부터였다.

생물학자로 재미있는 글을 자주 쓰는 최재천 교수가 연재하고 있는 칼럼에 〈바퀴벌레의 젖〉이란 글이 실린 적이 있다. 바퀴벌레가 무슨 젖이 있나 하는 생각이 들었지만, 생물학자가 하는 말이니 호기심을 가지고 읽었다. 바퀴벌레의 젖을 엑스선 분석법으로 정밀 조사해 보니, 지방산은 물론 필수 아미노산 이 소젖의 세 배나 들어 있다는 것이다. 그렇지만 여전히 두 가지 문제가 남아 있다고 했다. 사람이 충분히 마실 수 있을 만큼 바퀴벌레에서 젖을 확보할 수 있느냐는 것과 어떻게 저항감 없이 바퀴벌레 젖을 먹을 수 있느냐는 것이다. 첫 번째 문제는 과학의 발달로 어떻게 해결할 수 있을지 모르지만, 두 번째 바퀴벌레의 젖이라는 것을 알면서 과연 사람들이 즐겨 먹을 수 있을까 하는 문제라고 했다.

젊었던 시절 나는 우유를 먹지 못했다. 한국사람 대부분이 나와 같았을 것으로 생각한다. 한국에서는 당시 우유가 널리 보급되어 있지 않았다. 어쩌다 먹으면 설사가 났다. 장 속에 유산균이 형성되지 않아서 그렇다고 했다. 박정희 대통령도 언젠가 우유를 먹지 못한다고 실토한 적이 있다. 한국에서는 귀한 우유였지만 미국에서는 흔해빠진 것이 우유였다. 나는 4년 동안이나 미국에 체재하면서 그 좋은 미국 우유를 한 번도 먹지 못했다. 몇 번 시도해 보았지만 번번이 실패했다. 다른 녀석 다 먹는데 나만 못 먹는다고 생각하니 억울하다는 생각까지 들었다. 기숙사에 있을 때 가끔 음식이 입에 전혀 맞지 않아 걸러야 할 때가 있었는데, 미국 녀석들은 그럴 때 우유라도 벌컥벌컥 마셨다. 나는 생으로 굶어야 하니 약이 올라 괜히 식당에다 대고 욕만 할 수밖에 없었다. 결국 기숙사를 나오고 말았다. 그런데 지금은 매주 적어도 두 병씩은 먹어치우고 있다. 게다가 요즈음 들어 우유 값이 얼마나 싼가. 나로 미루어 볼 때는 식품의 맛이 아니라, 그것에 대한 심리적인 반응이 더 큰 문제라고 생각된다.

심리적인 반응이라는 말이 나왔으니 하는 말이지만 개인의 심리가 사회적인 이슈가 된 일이 최근에 와서 얼마나 많아졌는가. 먹고 먹지 못하는 음식이 순전히 개인의 심리 때문이라고 하는 따위는 문제가 될 리가 없다. 그러나 지나가는 사람을 아무 이유 없이 칼로 난자하는 것은 먹고 먹지 못하는 것과는 차원이 다르다. 그 사람들의 심리는 어떻게 해석해야 할까. 심리학자들이 여럿 동원되어도 해답이 별로 시원찮은 것 같다.

최근의 보도에 의하면 여인의 아랫도리를 촬영하는 것을 취미로 삼는 사람이 많아 경찰이 그 단속에 나섰다고 한다. 지위가 높은 검사 양반이 낯모르는 소녀 앞에서 자위행위를 하다가 발각되어 망신을 당하는 행위는 어떤 심리가 그 속에 있을까. 설 · 추석에 시집에 가서 받는 스트레스 때문에 이혼이 늘었다고 하는데 그것도 심리적인 문제 아닌가.

보도가 되지 않아서 그렇지, 이전이라고 해서 이런 문제들이 왜 없었을까. 심리학자들은 어떻게 말하는지 모르겠지만 정치 사회제도의 민주화에서 연유한다고 생각한다. 민주화의 가장 큰 특징은 구성원들의 자유가 강조되는 것이라고 생각된다. 그 자유를 부모도, 선생도, 나라도 마음대로 제한할 수 없는 시대에 왔다고 할 수 있다. 법규 안에서는 개인의 자유를 막을 수 있는 것은 아무것도 없다. 그런데 그 자유가 문제다.

이전에 나는 심리학자 에리히 프롬의 주장을 빌려 〈인간의 자유, 그리고 그 역설〉이란 글을 쓴 적이 있다. 인간 행복의 첫째 조건은 자유라고 할 수 있지만, 그 자유 때문에 망치는 수가 너무 많다는 사실을 말한 것이다. 정말 역설이라고 하지 않을 수 없다.

인간에게 가장 소중한 가치가 무엇일까 하고 늘 생각하고 있지만, 아직도 그 해답은 감감하다. 대체로 행복을 찾는 일이라고 말한다. 틀렸다고 말할 사람은 없다. 쉬운 말로 인간 생활을 즐겁게 보내는 일이라고 말할 수도 있다. 그러나 어떻게 사는 것이 즐겁게 사는 것이냐고 다시 묻는다면 그 답이 헷갈린다. 나라를 빼앗긴 상태에서 즐겁게 사는 일이 소중한 일이라고 안중근 의사에게 말한다면 쓸개 빠진 놈이라고 하지 않을까. 돈이 많아 해 보고 싶은 것을 마음껏 할 수 있고, 온갖 사치를 다 할 수 있다면 그 사람을 행복한 사람이라고 할 수 있을까.

먹기 싫은 음식을 억지로 먹어야 한다면, 더구나, 누군가 강제로 먹게 한다면 분명히 행복하고는 거리가 멀다. 먹고 싶지 않은 음식을 거절할 수 있는 자유를 누리는 것도 분명히 조그만 행복의 조건임에 틀림없다. 그렇다면 나처럼 어릴 때는 싫어하는 음식을 나이 들어서는 즐겨 먹는다면 그것도 작은 행복의 하나가 되는 것일까.

과학의 발달은 인류를 행복하게 하기 위해서라고 한다. 핵무기로 계속 우리들을 협박하고 있는 북한의 김정은이 재촉하는 과학의 발달을 인류의 행복을 위해서라고 할 수 있을까. 심리상태는 언제나 현재를 말한다. 과거의 어느 때나 미래의 어느 때는 우리들의 심리상태와 아무 관련이 없다. 아무리 과학이 발달해서 맛있고 영양분이 풍부한 음식이라고 해도 바퀴벌레의 젖은 사양하고 싶다. 바퀴벌레의 젖, 생각만 해도 끔찍하다. 앞으로는 어쩔지 모르지만 적어도 지금의 나에게는 그렇다. 세상이 이렇게 빠르게 바뀌고, 우리들의 심리상태도 그에 따라 바뀌고 있으니 그것마저도 확실하게 단정할 수는 없다. 오늘 일을 내일 단정할 수 없을 정도로 바뀌고 있으니까 그 심리상태인들 어떻게 말할 수 있겠는가. 그렇다면 영원한 존재하지 않고, 그 순간의 행복만을 실질적인 행복이라고 해야 할까.

인간의 편안한 삶을 끊임없이 침범해온 바퀴벌레여. 너희는 그것을 행복으로 알았겠지만, 인간은 그 침범 때문에 계속해서 괴로움을 당해 왔으니, 한쪽의 행복은 다른 쪽의 불행이 되는가. 하긴 좋은 바퀴약이 나와서 더 이상 인간을 괴롭히지 못하고 있으니, 바퀴벌레 쪽에서 보면 불행이 된 셈이다.

내가 인간의 행복을 아무리 말한들 무슨 소용이 있느냐. 앞으로 살날이 얼마 남지 않았는데. 이러쿵저러쿵 말하는 것이 부질없는 짓이지. 바퀴벌레의 젖을 최고의 음식으로 만들어 먹을 그날이 올지 모르지만, 지금은 사양이다. 절대로 사양이다. 지금 나의 초라한 건강을 위해 먹고 있는 약만 해도 지긋지긋한데. 하지만 혹시 알겠는가. 바퀴벌레의 젖이 인간의 건강을 위해서 특효약이 될지.

셈의 삶과 기분의 삶

나는 바둑을 아주 늦게 배웠다. 서른 살 전후해서 시작했으니 바둑 배우기에는 이미 머리가 굳어진 상태인지 모르겠다. 그렇다고 해서 모든 사람이 다 그렇다는 뜻은 아니다. 늦게 배웠어도 일취월장해서 잘 두는 사람도 많다. 그러나 나는 소질과 재능이 없는지 바둑이 늘었다고 말할 수는 없다. 그런데도 바둑을 둘 줄 아는 친구를 만나면 내가 먼저 한판 두자고 성화를 한다. 몇 점을 놓고 두는 것은 물론 그런데도 지는 확률이 내가 더 많다. 이제는 바둑을 아예 접으려고 생각하고 있다. 말은 이렇게 하지만 두고 싶은 유혹이 심해서 바둑 두는 친구를 만나면 언제 다시 둘지도 모른다.

고수들의 충고에 의하면 바둑을 둘 때 상대가 둔 뒤 곧바로 따라 두지 말라고 한다. 왜 그 수를 두었는지 생각하고 난 뒤에 두어야 한다는 것이다, 그 충고를 받아들여서 나도 그러겠다고 두기 전에는 다짐을 하지만 막상 두기 시작하면 상대가 바둑알을 놓기가 바쁘게 따라서 두고 만다. 내가 몇 점을 놓고 둔다는 것은 까맣게 잊고 상대의 말을 다 잡을 셈으로 공격한다. '지피지기(知彼知己)면 백전불태(百戰不殆)'란 《손자병법》의 말이 그대로 적용되는데도 말이다. 결국 나의 대마가 다 죽게 되면 아차, 하지만 이미 때는 늦었다. 게다가 더 나쁜 버릇은 바둑을 두다가 엉뚱한 공상에 빠지는 일이다. 상대가 두었는지 어쨌는지조차 의식하지 못하고 딴 생각을 하고 있다. 재촉을 받고서야 서둘러서 바둑알을 놓는다. 이런 자세로 두니 내 바둑실력이 도무지 늘 수가 없다.

국수들이 두는 것을 보면 지루할 정도로 오랜 장고 끝에 바둑알을 놓는다. 그렇게 오랜 시간 생각하고 난 뒤에 두는 수이지만 해설자는 저 수는 아마도 기분으로 둔 수일 것이라고 말한다. 수를 세다가 시간이 모자라서 기분으로 두는 수로 취급하는 모양이다. 그렇게 두는 수는 대체로 악수일 가능성이 높지만 시간에 쫓기니 어쩔 수 없다고 한다.

우리들의 삶도 마찬가지가 아닐까. 계획을 철저히 세워서 사는 것과 기분으로 사는 것과의 차이 말이다. 계획에 따라 사는 삶은 바둑으로 치면 수를 세어서 두는 삶이다. 기분으로 사는 것과는 다르다. 인생에 있어서 셈이 기본이 된다고 할 수 있다. 철저히 계획에 의거해서 살라고 한다. 사회적으로 성공한 사람일수록 계획을 철저히 잘해서 사는 사람이 많다. 그런 점에서 본다면 잘사는 일이지만 다시 산다고 해도 셈에 의한 삶을 살 수 없을 것 같다. 지난 일을 아무리 후회해도 아무 소용없는 일이다. 바둑을 두는 성향에서 그것을 잘 증명하고 있는 셈이다.

어른들은 언제나 젊은이들에게 계획된 삶을 살기를 권고한다. 교육으로 강조하면 어느 정도는 시정될 수 있겠지만 성격을 아주 바꾸지 않는 한 바꾸기는 어려운 일이다. 삶을 두 양태의 삶으로 나눈다면 셈에 의한 삶이 성공할 확률이 훨씬 높다. 그러나 그것은 사회적 지위나 명성을 얻는 데는 그렇다고 말할 수 있을지 모르지만 삶 그 자체를 놓고 볼 때는 반드시 그렇게 말할 수 없다. 왜냐하면 헤겔의 말처럼 삶도 목표가 아니라 사는 과정이기 때문이다. 사회적으로 성공한 삶을 살았다고 보이지만 언제나 자기 내면에서는 갈등과 불행을 느끼면서 사는 사람도 있기 때문이다. 그런 삶을 과연 성공한 삶이라고 할 수 있을까. 셈대로 되지 않고 좌절을 느낄 때의 절망감은 겪어보지 않은 사람은 잘 알지 못한다. 셈이 정확한 사람일수록 종교에 의지하는 수가 많다. 때로는 심신을 수양하여 극복하기도 하지만.

허랑바랑 기분에 따라 살다가 만년에 와서 경제적으로 어려움을 겪는 예를 본다. 꼭 만년의 빈곤이 아니라도 살다가 허망감에 사로잡히는 사람도 있다. 그렇지만 경험이 많은 사람일수록 기분에 따라 살지 말기를 당부한다. 나이 들어서 힘 빠지고 병들면 기분에 따라 살려 해도 살 수도 없다. 시간과 돈이 무슨 소용이 있느냐고 말할지 모른다.

인생살이에 기분보다는 셈이 유리하다는 것을 알고는 있지만 셈을 따를 수 없는 경우도 허다하다. 셈은 기계가 해 줄 수도 있지만 기분은 그때 그 순간의 인간이 아니면 가질 수 없기 때문이다. 예술은 본질적으로 셈의 영역에 속하지 아니한다. 셈에 의해서 비슷한 경지를 만들어낼 수는 있어도 그것은 결코 인간의 예술이 될 수는 없다. 예술은 셈의 산물이 아니라 기분의 산물이기 때문이다. 셈의 근원을 어디까지 거슬러 올라갈 수 있을지 모르겠으나, 인간의 기분보다 먼저 태어나지 않았다는 것은 분명하다. 기분은 인간의 생명과 밀착되어서 태어났고, 지금도 밀착되어 있기 때문이다. 셈과 인간 사이에는 거리가 느껴지지만 기분은 인간의 생명과 같이 존재한다.

다스디엔만은 《잠재의식의 언어》(The Subconscious Language)라는 저서 속에서 인간의 원초적 언어를 탐색해 보고 있다. 인간은 원래 어머니와 한몸이었다. 생명체가 탄생한다는 것은 모체와 분리되어 다른 생명체가 된다는 것을 의미한다. 울음을 터뜨리면서 새로운 생명체를 알리는 것이다. 그

것이 인간 언어의 시작이다. 따라서 그 울음은 아기의 욕구와 기분을 나타내는 것이다. 아기 몸의 표현이라고 할 수 있다. 아기의 첫 울음은 생명체가 모체와 분리되면서 내지른 소리다. 그 소리를 통해서 어른들은 아이가 무엇을 원하는지 안다. 자랄수록 여러 가지 다른 발음으로 나타나고 차츰 인간의 언어로 정리되는 것이다. 인간의 언어란 결국 생명체에서 소리로 분화된 어떤 것이다. 지극히 단순했던 그 소리가 주위의 환경에 적응하면서, 인간의 언어로 성립되어 간 것이다. 다른 동물들도 이와 마찬가지이지만 욕구와 기분의 표현이 인간처럼 분화되지 못했다. 본능의 표현 수준에서 머물러 버린 것이다. 지구상에는 수많은 언어들이 있다. 환경에 따라 문화에 따라 다르게 표현되어 온 것이다. 그 언어들은 그 아득한 옛날부터 조금씩 변해 왔다. 시간이 한참 지나고 나면 같은 언어라도 이전의 언어를 해독하기 어려워진다. 지역이 다르고 환경이 다르면 전혀 다른 언어가 되는 것이다. 각 언어들은 너무나 변해서 이전 언어의 의미를 짐작조차 못하게 한다. 그렇게 변이되어 짐작도 못하게 바뀌었음에도 불구하고 인간의 생생한 잠재의식이 담겨 있다는 것이다. 그 의식을 천착해 보는 것이 디엔만의 작업인 것 같다. 그러니까 말은 셈보다 기분을 더 많이 담고 있다는 주장이다. 잠재의식은 물론 한 인간의 성장과정 속에서만 이루어진 것이 아니다. 잠재의식을 어떻게 불러내느냐, 그것을 어떻게 해석해 내느냐가 바로 정신분석학의 가장 지난한 문제다. 프로이드는 자유연상(free association)에 의해서 불러낼 수 있다고 말했지만, 그의 제자였던 칼 융은 보다 깊은 곳에서 찾아내려고 했다. 인간의 먼 조상, 아니 인간이 되기 전의 아득한 옛날에 형성된 의식에서 찾으려 했던 것이다. 셈에 밀려서 기분은 무시해도 되는 세상처럼 되었지만 기분은 생명 본체와 보다 밀접하게 관련되어 있다는 것은 분명하다. 기분을 표현할 수 없는 것은 인간이 인간됨을 거부하는 것과 같다.

한때 알파고와 인간이 바둑을 두어서 누가 이길 것인가에 대해서 대단한 센세이션을 일으킨 적이 있다. 한국의 국수인 이세돌과 대결한다고 해서 바둑을 둘 줄 모르는 사람들도 큰 관심을 가지고 지켜보았다. 이길 것이라고 큰소리쳤던 이세돌도 다섯 판 중 겨우 한 판을 건지고는 머리를 긁었다. 내로라하는 세계의 국수들과도 겨루어 보았지만 거의 완패에 가까웠다. 셈으로 하는 게임은 기계를 당할 수 없다는 것을 증명한 셈이다. 이후 바둑을 그만둔다는 사람은 별로 보지 못했다. 기원은 여전히 성황을 이루고 있다.

기분에 의한 삶은 언제나 셈에 의한 삶에 밀리고 있지만 그렇다고 해서 셈에 의한 삶만을 견지할 수는 없다. 왜냐하면 사람은 산 생명체이고 생명체는 셈보다는 기분이 더 많은 지배를 받고 있기 때문이다. 기분을 억누르고 있으면 스트레스가 너무 쌓여서 불행을 자초하는 꼴이 된다. 기분을 방임할 필요는 없지만 기분에 맞추어 살 필요는 있다. 아니 기분을 즐기는 것은 어떨까. 마치 돛단배를 타고 흘러가는 강물에 몸을 맡기듯이 넘치지 않는 한에서 기분을 즐기는 것이다.

인생의 끝이 저만치 보이는 나이에 와서 무언가 해야 할 것 아닌가 하고 가끔은 스스로에게 물어본다. 없다. 없다. 없다. 처음부터 셈이 느린 나는 기분대로 사는 것이 그 대답이다. 하지만 그 기분도 마음대로 즐길 수 없는 것이 나의 한계다. 기분에 온몸을 맡겨 보고 살았던 적은 한 번도 없다. 그렇지만 뭔가 아쉽기는 하다.

속신(俗信)

어릴 때 들녘에 나가면 네 잎 클로버를 찾는 일을 더러 했다. 친구들은 잘도 찾았지만 나는 번번이 허탕이었다. 네 잎 클로버는 찾으면 그날은 행운이 따른다고 했다. 같이 갔던 친구들이 안됐다는 듯이 그가 찾은 것을 나누어 주기도 했다. 끈질긴 성미도 아닌데다 네 잎 클로버가 과연 행운을 가져다줄 수 있을까 썩 믿기지도 않기 때문에 큰 실망은 하지 않았다. 네 잎 클로버를 찾은 친구들이 자랑을 하면서 그날에 어떤 행운이 찾아올지 점쳐 보기도 했다. 뒷날 만나서 물어보면 행운을 잡았다고 신통한 대답을 하는 친구가 별로 없었다. 세 잎 클로버는 흔하지만 네 잎 클로버는 드물기 때문에 이런 속신(俗信)이 생기지 않았을까 하는 생각을 한다.

살다 보면 이런 속신들이 저절로 생기기도 하고 이전부터 전해오는 것도 있다. 오래전이지만 축구 선수들이 경기를 하려고 나서는데 장례 행렬을 만나게 되면 그날 게임에서는 꼭 이긴다는 예감이 온다고 했다. 도시에서는 시골처럼 장례 행렬이 별로 없으니 그런 속신도 이루어지기 어려운지 모르겠다. 게다가 시대가 달라서 그런 속신을 믿는 선수도 거의 없을 것 같다. 하지만 아직도 우리 주변에는 이런 속신들이 존재하는 것을 본다. 가령 붉은 색으로 이름을 쓰면 안 된다는 관습, 4자의 숫자를 가능한 피해서 건물이나 엘리베이터에 적는 풍습(죽을 死(사)와 음이 같다고 해서 그런단다.) 등이다. 수년 전까지만 해도 엘리베이터에 4층이란 숫자 대신에 F자를 썼던 곳이 많았다. 영어의 'Four'는 그래도 마음이 덜 쓰였던 모양이다. 연인에게 신발과 손수건을 선물하지 않는다는 속신도 있다. 헤어진다는 의미가 내포되어 있기 때문이다. 최근에 신문을 통해 안 일이지만 연인과 덕수궁 돌담길을 걷지 말라는 말이 있다. 같이 걷고 나면 이별한다는 말이 떠돌기 때문이다. 그러고 보니 나도 연인이 될 뻔한 여인과 그 돌담길을 걸었던 기억이 난다. 그래서 그 여인과 결혼까지 이르지 못했던가.

살다 보면 이런 속신들이 저절로 생기는 수도 있고, 우연하게 겹쳐서 생기는 수도 있다. 어떤 것은 내 마음에 무시하기 어려울 만큼 크게 자리하고 있는 것도 있다. 옷을 뒤집어 입지 말라는 말씀을 어릴 때 어머니가 자주 하셨다. 남에게 밉게 보인다고 했다. 그것도 속신이지만 지금도 어머니의 그 말씀을 그대로 따르고 있는 셈이다. 남에게 밉게 보이고 싶지 않는 속심이 도사리고 있다고나 할까. 근래에 와서는 안팎이 없는 옷들이 많아서 그마저 지키기 어렵게 되었다. 아내는 이런 속신이 아예 없는지 나와는 전혀 달리 안팎에 전혀 개의하지 않고 옷을 입는다. 뒤집어 입는 것을 보면서 왜 그렇게 입느냐고 물어보면 솔기가 살갗에 거슬리기 때문이라고 했다.

속신이 굳어지면 미신(迷信)이 되고, 맹신(盲信)이 된다. 과학이 이처럼 발달한 세상에서도 이런 속신들이 아직도 내 마음에 자리하고 있다는 것은 한마디로 웃기는 일이다. 어쩌다가 우연히 꺼림칙한 일이 겹쳐서 일어나면 필연처럼 변해 버리고, 마음속의 믿음으로 변해 버린다. 장난삼아 한 말이 사실로 나타난다든지, 철도 안 든 애가 별난 짓을 하고 난 뒤에 사고를 당한다든지 하면 다음부터는 그 말을 예사롭게 듣지 않는다. 기분을 언짢게 한 사람을 만나고 난 뒤에 좋지 못한 일을 겪게 되면, 그것도 몇 번 반복되면 나도 모르는 사이에 그 사람 만나는 것을 꺼리게 된다. 작은 일상의 일도 이런데 생명을 좌우하는 일이 우연히 몇 번 겹치게 되면 어떤 마음이 될까.

권력을 쥔 사람이거나 중요한 위치에 있는 사람이 이런 속신들을 믿고 중대한 결정을 하게 된다면 그 결과를 미루어 짐작하고도 남는다. 그 반대로 큰 불행을 당할 뻔한 일을 속신을 믿고 있던 어느 누군가의 충고로 막아주었다면 그 사람의 결단에 어떤 영향을 줄까. 절대적인 믿음이 자리할 수밖에 없을 것이다. 앞으로 닥칠 일을 미리 말해주는 사람을 우리는 예언자라고 한다. 혹세무민(惑世誣民)하는 예언자가 있는가 하면 닥칠 일을 미리 일러주어서 그 피해를 줄이는 예언자도 있다. 《구약성서》에는 이런 예언자가 수없이 등장한다. 몇 년 전에 '휴거' 가 있을 것이라고 나라 안을 시끄럽게 한 사이비 종교집단이 있었다. 갑자기 하늘로 들려 올라간다는 것이다. 속신이 많이 있어도 사회에 큰 영향을 끼치지 않는 경우에는 별일 없이 넘어간다.

임오군란(壬午軍亂) 때 명성황후는 충청도로 피신한 적이 있었다. 환궁할 날을 기다리며 괴로운 세월을 보내고 있을 때였다. 그때 어떤 무당이 나타나 환궁할 날을 예언해 주었다고 한다. 황후에게 그보다 더 좋은 소식은 없을 것이다. 그런데 그 예언이 맞아떨어졌다. 황후는 이후 그 무당을 궁궐로 데려와 '진령군' 으로 책봉하고 극진히 예우했다. 진령군에게는 아무때나 왕과 왕비를 알현할 수 있는 기회가 주어졌고, 그녀를 통하면 안 되는 일이 없었다. 소문은 곧 전국으로 퍼져서 벼슬길에 오르고 싶은 사람은 재물을 싸들고 이 무당을 찾아갔다. 그녀를 통해서 벼슬길이 열리니 그럴 수밖에 없을 것이다.

지금 나라 안이 발칵 뒤집어지고 있다. 최순실이라는 한 여인 때문이다. 그녀가 저지른 온갖 불법적 비행(非行)이 폭로되고 있다. 박근혜 대통령의 비선 실세로서 장관들도 그녀의 말을 듣지 않을 수 없었다는 것이다. 그녀의 국정 농단을 한심하게 생각하다가도 실없이 웃음이 나온다. 영민한 박근혜 대통령이 어떻게 그런 여인을 가까이해서 이 지경을 만들었을까. 비서진들도 국정의 일을 최순실에게 보고했다고 하니, 어디까지가 사실이고 어디까지가 과장인지 도무지 알 수 없다. 박근혜 대통령이 이 여인과 깊은 관계를 가지게 된 것은 그녀의 아버지 최태민 씨부터라고 한다. 이 인물은 사이비 교주 같은 사람으로 짐작된다. 당시 어머니를 잃고 상심 중에 있던 20대 초반의 박근혜 양을 교묘한 수단으로 접근해서 그녀의 환심을 얻었다고 한다. 사이비 교주에게는 사람의 마음을 사로잡는 마력 같은 힘을 갖고 있는 법이다.

박근혜 대통령 같은 영민한 사람이 어떻게 최순실 같은 여인에게 빠져서 나라 안을 이렇게 시끄럽게 할 수 있을까. 짐작도 못할 일이다. 국정 연설문도 그녀가 고친다고 했다니, 어이가 없다. 청와대의 그 쟁쟁한 비서진들, 일류 대학을 나와 어렵다는 사법고시에 합격한 그 수재들은 어디다 두고 몽매한 일개 아녀자의 말만 믿고 국정을 수행했다는 말인가. 더구나 이 여인은 탐욕이 많아 온갖 이권을 챙겼다니 열린 입을 다물지 못하겠다. 소문이 다시 소문을 만들어서 온갖 허황한 소문이 신문 방송을 통해 보도되고 있다. 지어낸 말도 없잖아 있겠지만 그 한 여인 때문에 온 나라 안이 이렇게 시끄럽게 되었다니 걱정이 되다가도 웃음이 나온다.

외신들은 최순실의 아버지 최태민을 러시아 제정 말기의 요승(妖僧) 라스푸틴에 비유하고 있다. 방탕한 생활을 하다가 수도원에 들어가 떠돌이 수도승이 되었던 그가 어찌어찌해서 궁궐에 들어가 황태자의 혈우병을 고쳐준 덕분으로 황후의 신임을 얻게 되었고, 이후 황제의 절대적인 신임을 받아 국정을 전횡할 수 있는 권력을 쥐게 되었던 모양이다. 그의 국정 농단으로 결국 제정 러시아가 망하게 되었다는 것이다. 최순실의 농단은 이미 오래전에 싹을 보이기 시작했던 모양이다.

지금 광화문에서는 수만 명이 운집해서 박근혜 대통령을 규탄하고 있다. 점점 그 수가 불어날 것이라고 한다. 하야(下野), 퇴진(退陣)하라는 플래카드를 들고 군중들은 광화문 광장과 종로 네 거리를 누비고 있다. 당장 하야하면 대한민국 자체가 위태로워진다고 법률가들은 말하고 있다. 최순실의 말을 절대적으로 믿고 일을 그르친 박근혜 대통령의 돌이킬 수 없는 실수지만, 그렇다고 해서 어느 나라의 독재자처럼 개인적인 사욕을 취했거나 치부하기 위하여 저지른 일도 아닌 것처럼 보인다. 최순실이라는 여인을 과신했기 때문에 이런 해괴한 일이 벌어진 것이다. 결과적으로는 그 모두가 박근혜의 잘못이긴 하지만 지금 당장 하야한다면 나라 전체가 혼란에 빠질 것이 명약관화(明若觀火)하다.

해결책은 정치가와 법률가들이 할 일이겠지만 나는 이번 일로 해서 인간은 강한 척해도 약한 곳이 많다는 것을 새삼 깨달았다. 지혜가 많고 적음에는 차이가 있지만 인간은 본질적으로 약점을 지니고 있다고 생각한다. 그 당장에는 발견되지 않지만 세월이 한참 지난 뒤에 다시 돌아보면 잘못을 저질렀던 일이 숱하게 많은 것을 깨닫게 된다. 틀렸다고 믿고 있던 일도 옳은 일이 되고, 옳은 일이라고 굳게 믿던 일도 잘못된 판단을 내린 경우가 흔하게 있다. 그래서 완전무결함은 신에게 돌리는 것인가.

이번 일의 근본 원인은 요승과 같은 최태민을 믿은 탓이다. 그의 딸 최순실도 그래서 신뢰했기 때문이다. 다른 사람의 말은 전혀 믿지 않는 사람이 있는가 하면, 어느 사람 말은 쉽게 믿어 버리는 사람이 있다. 어느 쪽이 좋은지는 판단하기 어렵다. 시간이 한참 지난 뒤에야 옳았던 말과 글렀던 말이 드러난다. 정치를 하는 사람이나 사회의 지도자는 언제나 현명한 판단이 요구되지만 그렇지 못한 경우도 흔하다. 그들도 인간이기 때문이다. 신뢰도 공자님이 말씀한 중용지덕(中庸至德)이란 말을 실천해야 해야 하는 모양이다. 이런 일이 드물겠지만 전혀 없을 수는 없다. 사람을 믿지 못하기 때문에 일을 할 수 없는 인물이 있는가 하면, 다른 사람을 너무 믿다가 일을 그르치는 수도 수없이 있다. 이번은 후자의 경우다.

네 잎 클로버를 찾으면 꼭 내게 주었던 어릴 때의 친구가 생각난다. 지금은 이름도 성도 잊고 사는 곳도 알지 못하지만 그의 마음만은 지금도 내 가슴속에 따스하게 남아 있다. 저 혼자 들녘에 나갔다가도 네 잎 클로버를 찾으면 내게 꼭 가져와서 전해 주었다. 내게 행운이 항상 같이하기를 바란다고 하면서. 네 잎 클로버의 속신을 별로 믿지 않았던 나였지만 그 친구의 우정만은 믿고 싶었다. 그의 정성이 고마워 내게 올 행운을 믿고 싶었다. 그의 해맑은 웃음을 보고 있으면 행운이 저절로 내게 오고 있는 것처럼 느꼈다.

얼굴만 보아도 즐거운 사람이 있는가 하면 그 반대도 있다. 나는 친구들에게 좋은 일을 많이 못했다. 그렇지만 나를 만나면 행운이 올 것 같은 예감이 드는 사람은 되고 싶다. 그렇게 되려면 그에게 신뢰감부터 주어야겠다. 내 말로 인해 그르치는 일이 없어야겠지. 자주 만나지 못해도 나의 모습이 그의 가슴에 따뜻하게 남아 있어야겠지. 행운은 그 스스로가 찾는 것이지만 나와 연관되어 있으면 그보다 좋은 일은 없다. 네 잎 클로버가 속신이기는 하지만 내가 그에게 네 잎 클로버 같은 존재였으면 좋겠다.

큰일은 할 수 없어도 나를 만나는 사람은 하는 일마다 행운이 따랐으면 좋겠다. 별로 신통한 말을 하지 아니해도 내게 속사정을 털어놓은 사람은 결과적으로 현명한 판단을 암시 받을 수 있는 사람이 되었으면 좋겠다. 더 정확하게 말하면 내가 어떤 말을 하지 않아도 나를 만나기만 하면, 행운이 따른다는 믿음을 주고 싶은 사람이 되고 싶다. 너무 과한 욕심인가. 아니다. 내가 그렇게 믿고 있으면 그 온기가 그에게도 전해질 테니까.

싸움 본능

나도 수년 전까지 테니스를 즐겼다. 이제는 테니스는커녕 걷기조차 힘든 형편이다. 걸어야 산다고 해서 아침마다 동네의 산책로를 한바퀴 도는 것이 나의 유일한 운동이다. 나이 들었으니 어쩔 수 없는 일이라고 단념하고 있지만 때로는 젊은 이처럼 뛰어가고 싶다. 내 몸이 언제부터 왜, 이 모양이 되었나 하고 자탄을 거듭하지만 소용없는 일이다.

다리에 이상이 오고 있다는 것을 감지하고는 있었지만 심각하게 생각하지 않았다. 그러다가 말겠지, 하고 안이하게 생각했던 것이 나의 잘못이었을까. 계속 테니스는 쳤다. 그러다 어느 날부터는 다리를 옮기는 것이 천근을 달고 가는 것처럼 무거웠다. 자기 몸의 관리를 너무 늦게 시작한 게 잘못이다. 아니, 진작 수선을 떨었어도 별수 없었는지 모른다. 점점 심해져서 이제는 나의 걷는 모습을 보고는 지나가는 사람들은 측은하다는 표정을 지어 보인다. 이 지경에 이를 것이라고는 전혀 예상하지 못했다. 미련하기 짝이 없는 자기 몸 관리다. 동네 정형외과 의사가 말초신경염이라고 큰 병원에 가서 조사해 보라고 했다. 그런 병명조차 처음 들어본 이름이었다. 큰 병원에 입원해서 조사해 보니 과연 그 병이 맞다는 것이다.

어려서부터 운동을 꽤 좋아했던 편이다. 선수가 될 자질은 못 가졌지만 배구, 철봉, 하이코브, 터치볼, 씨름 등 학교에서 할 수 있는 운동은 빠지지 않고 끼여서 했다. 태권도와 유도 등은 하고 싶었지만 기회가 주어지지 않아서 시늉만 내다가 그만두었다. 그런데 씨름은 어느 정도 재능이 있었던지, 소학교 때부터 곧잘 했다. 가령, 소학교 때 반 학생을 번호 순으로 두 편을 갈라 양편에서 한 사람씩 나와 붙었는데, 나의 키는 중간쯤이었다. 내 차례에 와서는 상대편 반 아이들이 모조리 지는 것이었다. 고등학교 때도 우리 반 덩치 큰 애들이 전부 빠져서 내가 어쩔 수 없이 반 선수로 나갔는데 덩치 큰 딴 반 친구들이 내게 어이없이 지고는 믿기지 않는다는 듯이 고개를 절레절레 흔들었다. 씨름반장이 와서 씨름 클럽에 가입하라고 강권하는 것을 거절하느라고 곤혹을 치른 적이 있다. 내게 씨름 재능이 있다는 것을 아무도 믿어 주지 않지만 나 혼자 빙그레 웃을 때가 있다.

그런데 늦게 테니스를 배워서 한동안 만사를 팽개치고 미쳐 있을 때가 있었다. 테니스를 처음 시작한 것은 내 나이 서른여섯인가 일곱쯤 되었을 때라고 기억된다. 재미가 붙기 시작하자 다른 운동은 거들떠보지도 않았다. 아침이 되면 하늘을 먼저 바라보는 것이 습관이 되어버렸다. 당시는 거의 클레이 코트였기 때문에 비가 오면 할 수 없었다. 민관식 씨가 당시 장관으로 있었는데 자신이 테니스를 너무 좋아해서 테니스 보급에 크게 공헌을 했다. 그 덕분으로 대학 교수들이 테니스를 시작한 사람이 많다. 나도 그중의 한 사람이다. 한국에서 생산하지 못하던 테니스공도 무관세로 수입해 오고, 테니스 라켓도 면세로 들여오고 해서 대학에 가히 테니스 열풍을 일으켰다. 내가 생각해도 운동에 별로 재능이 없는 나지만 테니스만은 너무 좋아해서 아내 말에 의하면 반쯤은 미쳤다고 했다. 그렇지만 잘하는 편은 아니라는 말이 맞다.

테니스는 복싱이나 태권도와는 달리 신사 운동이라고 한다. 맞는 말이다. 하지만 인간의, 아니 동물의 싸움 본능에서 왔다는 말은 절대로 틀린 말이 아니다. 그 싸움 본능은 동물이면 다 갖고 있는, 아주 보편적인 본능이다. 싸워서 이기는 자만이 암컷을 차지할 수 있는 동물 세계의 보편적 본능 말이다. 약한 동물을 습격해서 먹이로 삼아 생존하는 사자나 호랑이를 비롯해서 작은 미물끼리도 타 종족을 공격해서 살아가고 있는 그 본능은 차라리 자연의 섭리라고 해야 할까.

운동의 게임은 모두 바로 그 싸움 본능에 근원을 두고 있다고 생각한다. 다른 동물들은 생존을 위한 싸움을 계속하고 있지만 인간만은 이 싸움 본능을 승화시켜 운동의 게임으로 즐기고 있다. 동물들은 그들의 본능 세계 그대로 살고 있는 셈이다. 그런데 인간들이 그들의 자연 세계를 점차 관여하게 됨으로써 종족이 줄어들기 시작했다. 이제는 거의 멸종할 위기에 처하게 되었다. 그들을 보호할 대책을 세우느라고 세계의 동물학자들이 머리를 싸매고 있는 셈이다. 참으로 아이러니라고 하지 않을 수 없다.

싸움 본능은 식욕, 성욕 등과 같이 모든 인간에게 깊이 내재해 있다. 문명화되기 시작하면서 대체되는 운동으로 그 싸움 본능을 정화시키기 시작한 것이다. 게임에 규칙이 생기기 시작한 것도 바로 그 때문이다. 규칙을 지키지 않거나 무시하는 게임은 운동의 게임으로 존재할 수 없게 된다. 가끔 금전으로 매수해서 게임 규칙을 속였을 경우, 법의 제재까지 받게 된다. 정해진 규칙 안에서 상대팀을 꺾어야 한다.

테니스는 신사 게임이라고 해서 얼핏 보기에는 상대팀을 독하게 공격하는 것처럼 보이지 않는다. 하지만 규칙을 벗어나지 않는 한에서는 온갖 수를 다 써서 상대가 방어할 수 없도록 격렬하게 공격한다. 그렇게 해야만 승리할 수 있기 때문이다.

권투나 격투처럼 상대를 무자비하게 공격해서 반죽음이 되도록 하는 것과는 다르다. 나는 테니스 라켓을 들고 바라볼 때마다 김유신 장군이 동료들과 검을 겨루었을 때 어떻게 했을까 하는 부질없는 상상을 한다.

임진왜란 때 명군이 우리를 도와주었기도 했지만, 대국에 대한 충성심으로 이 나라 조정 대신뿐 아니라, 일반 서민까지 속을 뒤집어 봐도 안팎이 다르지 않게 명나라를 숭배했다. 그렇지만 명을 세운 주원장이 수많은 선량한 선비들을 도륙했다는 사실을 우리는 알고 있다. 동네의 깡패에 불과했던 그가 대장군이 되고 명의 태조가 된 그를 어떻게 보아야 할까. 난세에 운이 좋아 깡패 집단의 우두머리가 되고 나라를 세우기까지 했으니, 게다가 눈에 거슬리는 자가 있으면 사정없이 도륙했다. 그런데 선비들이라고 하는 사람들은 그의 비위를 맞추기에 급급했으니…. 그에게 벼슬을 얻기 위해서 온갖 아첨을 다 떨었던 일을 생각하면 선비들이란 무력으로 쟁취한 권력에 시녀 노릇을 한 셈이 아닌가.

보신탕을 즐기는 사람이 있는가 하면 애완견으로 키우면서 애지중지하는 사람이 있다. 개를 보는 눈이 전혀 다르다고 할 수 있다. 분명 아이러니다. 나는 매일 아침 나의 건강을 위해서 아파트 둘레의 산책길을 걷는다. 그런데 강아지를 데리고 나오는 사람이 의외로 많다. 본인의 건강을 위해서라기보다 강아지를 운동시키기 위해서 나오는 것으로 보인다. 대개는 작은 강아지들이지만 주인을 따라 졸졸 따라오다가도 나무 밑이나 울타리 밑에 오면 한 발 번쩍 들고 오줌을 갈긴다. 주인의 목줄에 매여서 이리저리 끌려 다니지만 곳곳에 가서 그 짓을 반복하는 것을 보면 태어날 때부터 가진 본능이다. 매번 그러다 보니 오줌이 나올 리도 없다. 그래도 곳곳을 지나면서 그 짓을 하는 것을 보면 오줌을 싸기 위해서 그러는 것이 아니라는 것이 분명하다. 자기 영역 표시를 하고 있는 셈이다. 인간의 손에 길들여지고 난 뒤에 이미 쓸모없는 버릇이 되었지만 영역 표시의 본능은 시늉이나마 아직도 남아 있는 모양이다.

강아지는 본능에 따라 아무 쓸데없이 하는 짓이지만, 모든 동물들이 그렇게 자기 영역을 표시하고 있다고 생각된다. 사자나 호랑이 같이 사나운 짐승들은 그들의 영역 표시가 동종의 짐승에게는 엄한 경고가 될 것이고, 약한 짐승들에게는 공포의 표시가 되리라 생각된다. 그렇다면 인간도 동물의 일종인 바에야 영역 표시를 분명히 하고 있을 것이다. 어떻게 하고 있을까. 지능이 낮은 동물들처럼 그렇게 우직하게 하고 있지 않을 것이다. 보다 고급스럽게, 보다 교묘하게 하고 있을 것으로 생각된다.

한동안 사회주의가 전 세계를 풍미하고 있었지만 다가오는 사회는 자본주의에 사회주의를 가미한 정치체재일 수밖에 없다. 지배자를 국민이 선출하는 사회로 가고 있기 때문이다. 어쨌든 사회를 움직이고 지배하는 가장 중요한 규칙을 만드는 것은 요컨대 돈이다. 권력이랄 수도 있다. 권력이 바로 돈을 만들어낼 수 있기 때문이다. 돈이 권력보다 더 큰 힘을 지녔다고 생각되는 모양이다. 근래 검사장이라는 꽤 높은 지위를 갖고 있는 사람도 부정한 돈을 탐해서 감옥으로 가는 것을 보니 그런 점이 더 명확해진다고 볼 수밖에 없다. 하기야 히틀러나 북한의 김정은 같이 무소불능의 권력을 쥐고 있으면 돈 같은 것은 눈에 들어오지도 않을 것이다. 아니, 국가를 통치하려면 돈이 절대로 필요하다.

그러나 세계의 대세는 분명히 민주주의로 가고 있지만 그 힘은 돈에서 나온다. "모든 권력은 국민으로부터 나온다."라는 조문은 국민이 권력을 쥐고 있는 것처럼 보이지만 결론의 끝을 따라가 보면 결국 돈이 힘을 지니고 있다는 것을 알게 된다. 동물의 세계에서 사자나 호랑이의 공격력과 같은 것이다.

개인 간의 싸움 본능은 우리가 재미로 하는 운동의 게임으로 해소한다고 생각된다. 때로는 그 승패가 매우 심각할 수도 있지만 끝나고 나면 허허 웃고 만다. 물론 돈과 연관이 있는 게임이라든지, 국가의 명예가 걸려있을 경우에는 죽기 살기로 심각한 결과를 불러올 수 있다. 그러나 우리들 대부분의 사람들은 동물처럼 생명을 걸고 게임을 하지는 않는다. 운동의 게임은 인간 깊숙이 내재해 있는 싸움 본능을 조금 선한 방법으로 해소하는 것이다. 세계대전을 두 번이나 치렀다. 수십, 수백만의 생명을 앗아가는 그 큰 싸움은 서로가 겁이 나서 치르지 못하고 있는 것이다.

싸움 본능은 인간도 동물의 일종인 한에서는 언제나 우리 몸속에 잠재해 있다. 운동은 그 싸움 본능을 큰 상처를 내지 않고 해소하는 방법이다. 사람들은 모두 평화를 외친다. '사랑'과 '자비'를 강조한 성인들이 많았지만 따지고 보면 인간 깊숙이 내재되어 있는 싸움 본능을 다독거리는 자장가 같은 것이라고 할 수 있다. 테니스도 그 싸움 본능을 쾌감으로 대상(代償)하려는 것이 아닌가.

사자가 한 무리의 왕 노릇을 하다가 젊고 힘센 놈이 나타나서 그놈에게 지면 쓸쓸히 떠날 수밖에 없는 것이 자연계의 섭리다. 인간은 늙은이를 보살펴 주어야 한다는 윤리를 만들어서 권장하고 있다. 가상할 일이다. 그러나 그 윤리가 자꾸 허물어지고 있다고 한탄하는 사람들이 많다.

게임에 지고 즐거워할 사람은 없다. 그러나 늘 이길 수는 없는 것이 게임의 이치다. 싸움본능은 나이가 들어갈수록 지는 쪽이 많을 수밖에 없다. 그것이 자연의 이치다. 마침내 생명과의 싸움에서 지는 것이 이 세상을 떠나는 일이다. 그것을 잘 알면서도 순응하는 것이 그리 쉽지 않다. 최상의 깨달음은 바로 그 순응을 마음으로, 그리고 몸으로 익히는 일이다.

제6부

혼자와 더불어

오리엔테이션 · 욕망과 절제 사이에서
우리 다시 만나요, 창진 형 · 이화동산
즈려밟고 가는 꽃 · 혼자와 더불어
공군장교 후보생이 된 내력

오리엔테이션

'오리엔테이션' 이란 말이 언제부터 우리말에서 예사롭게 쓰였는지 모르겠다. 지금은 이 말을 대신해서 쓸 말이 별로 생각나지 않는다. 내가 풀브라이트 장학금 수혜자로 선발되어 미국에 처음 갔을 때 이 말의 뜻을 실감하게 된 것이다. 로스앤젤레스의 UCLA에서 40일간의 오리엔테이션 프로그램에 참가했던 일이 있었기 때문이다. 그 프로그램이 그해부터 없어지게 되었다는 말을 전해 듣고 풀브라이트 한국지부에 떼를 써서 참가하게 된 것이다. 풀브라이트 장학생으로 선발된 사람은 토플 성적이 좋기 때문에 구태여 이 프로그램에 참가하지 않아도 된다는 방침이 그 해부터 시행되었기 때문이라고 했다. 하지만 나의 경우는 달랐다. 국문학을 전공했고, 국문학을 가르쳤던 나의 토플 성적은 실제 실력과는 상당히 달랐다고 할 수 있었다. 떼를 써서 받아들여진 셈이지만 참가하고 보니 썩 잘한 결정이라는 생각이 들었다. 예정보다 빨리 부랴부랴 미국으로 가는 비행기를 타지 않을 수 없었다.

'오리엔테이션' 이란 말은 'orient' (동방)란 말에서 온 것이 분명하다. 해가 뜨는 방향이 동쪽이고 그 방향에 맞추어서 방향을 결정하기 때문에 그것을 추상명사화 해서 방향을 정하다는 말이 된 것 같다. 대체로 어떤 모임이 시작할 때 앞으로 나아가야 할 방향이나 목표 등을 알려주는 프로그램의 행사를 일컫는다. 1976년 도미했으니까 그 이전에도 물론 이 말을 많이 썼겠지만 나로서는 별로 경험한 적이 없기 때문에 오리엔테이션을 제대로 겪어보는 셈이다.

로스앤젤레스에서 한다는 말만 들었지 어디에서, 어떻게 하는지 전혀 알지 못하고 떠났다. 떠나기 이삼일 전에 통보 받았기 때문이다. 미국에 도착하면 친절히 안내해 줄 사람이 기다리고 있을 것이라는 말만 믿고, 일러준 전화번호를 신주 단지처럼 지니고 떠났던 것이다. 그때나 지금이나 나의 어리석음은 변함이 없었던 것 같다. 그러나 로스안젤레스 공항에 도착하자 나의 기대와는 매우 다르게 상황이 전개되어 가고 있었다. 전화를 걸어서 내 이름만 대면 대뜸 알아보고 차로 모셔갈 줄 알았는데, 무슨 일로 걸었느냐고 도리어 묻는 것이 아닌가. 내가 전화를 걸게 된 사정을 얘기했더니, 잠깐 있으라고 해 놓고는 옆 사람과 상의하는지 한참 후에 “그래서, 내가 어떻게 했으면 좋겠느냐?”고 되묻는 것이다. 전화 저쪽에서 여러 사람들이 떠드는 소리가 들리는 것을 보니 개인 사무실은 아닌 것 같았다. “나는 미국에 처음 오는 사람이니까, 어쨌든 그곳으로 가야 할 것 아니냐.” 했더니, 버스 노선을 일러 주겠다고 했다. 처음 오는 사람이 버스 노선을 어떻게 알겠느냐고 했더니, “그럼 아르바이트 하는 학생을 보내주겠다. 그 대신 그 학생에게 수고비를 지불해야 한다.”라고 했다. 내 기대와는 달랐지만 어쨌든 빨리 보내 주었으면 좋겠다고 했다. 한 시간이나 지나서 나를 찾는 사람이 공항으로 왔다. 혹시 나를 찾지 못할까 봐 가슴에다 한국에서 온 아무개라고 크게 써 붙이고 있었다.

도착해서 보니 UCLA의 기숙사였다. 저녁인데도 학생들이 와글와글 드나들고 있었다. 처음은 그게 학생 기숙사인 줄도 모르고 웬 학생들이 늦은 저녁 시간에 이렇게 몰려들고 있는가 했더니, 미국의 여름 학기는 특별학기로서 어느 도시, 어느 대학에서든지 자유롭게 등록해서 수강할 수 있다고 했다. LA는 더운 지방이고 좋은 해수욕장이 많기 때문에 여름 학기는 전 미국에서 모여들어 이렇게 학생들이 붐빈다고 했다. 수강해서 학점만 취득하면 자기 대학에서 그대로 인정받기 때문에 여름 한철 이렇게 많은 학생들이 모여든다고 했다.

그렇게 해서 UCLA에서의 오리엔테이션이 시작되었다. 하도 오래된 일이라 오리엔테이션을 받으면서 경험했던 일을 다 기억할 수도 없고, 정확하다고 장담할 수도 없다. 다만 미국 문물을 처음 접했을 때의 인상을 생각나는 대로 얘기할까 한다.

한국 학생은 나를 포함해서 네 명인가 다섯 명이었고, 각국에서 온 학생 20여 명 되는 것으로 기억된다. 그중에서 대만에서 온 학생, 인도네시아에서 온 학생, 일본에서 온 학생, 그리고 프랑스에서 온 학생 세 명이 기억난다. 나는 교수를 하다가 온 사람이기 때문에(아마도 그들의 학적부에 그런 기록이 있었던 모양이다.) 다른 사람은 모두 이름으로 불렀지만, 나만은 Mr. Kim 하고 불렀다.

프로그램의 총책임자는 Helen이라는 30대 중반의 여성이었는데 명랑하고 활기찬 여성이었다. 조교들은 대체로 대학생이거나 대학원생으로서 우리의 도움이 필요할 때는 언제나 달려와 충실한 도움이 역할을 했다. 40일간이나 머물러 받았지만 지금은 가물가물해서 끊긴 필름처럼 앞뒤가 연결되지 않은 기억의 파편들만 난무한다.

낮 시간은 대체로 생활영어 수업을 받고 저녁 시간은 휴게실에 나와 잡담을 한다. 레코드를 틀어놓고 춤을 출 때도 있었다. 군에 있을 때 춤을 잠깐 배우기는 했지만 제대로 된 춤이 아니었다. 미국 아이들도 한국처럼 제대로 교습을 받은 춤이 아니라서 적당히 붙들고 얼렁뚱땅 추어도 못 춘다고 타박하는 눈치가 아니었다. 여학생 조교가 둘이 있었는데 하나는 뚱뚱한 백인 여학생이고, 다른 하나는 흑인 여학생이었다. 내가 놀리는 말을 하면 눈을 곱게 흘기면서, "미스터 김, 그러면 안 돼요." 한다.

오리엔테이션이 시작된 지 열흘쯤 지난 뒤였을까, 어느 날 저녁 휴게실에 나갔더니 전깃불이 다 나갔는지 깜깜했다. 미국에도 정전이 되나, 하면서 벽을 잡고 더듬더듬 한가운데로 나갔다. 그때 갑자기 불이 확 켜지더니, "Happy birth day to you." 하고 일제히 생일 노래를 부르는 것이 아닌가. 어리둥절해서 사방을 둘러보았더니, 나를 향해서 노래를 부르고 있었다. "웬일이야?" 하고 앞에 있는 친구에게 물어보려고 하다가, 문득 내 호적상의 생일이 8월 5일이지, 하는 생각이 들었다. 음력으로 4월 8일에 출생했기 때문에 나의 생일은 음력 4월 8일로만 기억하고 있었다. 아주 어릴 때부터 어머니가 그 날에 나의 생일을 챙겨주셨기 때문에 8월 5은 나에게는 낯선 날이었다. 어느새 생일 케이크까지 준비해서 촛불을 끄게 했다. 8월 5일의 생일, LA에서 처음 맞은 셈이다.

한 달쯤 지났을까, 기숙사에 있는 모든 학생들에게 우리가 꾸민 쇼를 보여준다고 했다. 짤막한 스킷(짧은 연극)과 노래,

그리고 각 나라의 고유한 의상을 입고, 무대에 선다는 것이다. 나에게는 한국의 풍속 놀이나 간단한 설화 등을 이야기하라고 했다. 갑자기 주문한 터라 미처 준비할 사이도 없었다. 봄이 되면 도라지 캐러 가는 한국의 처녀들을 소개했다. 한국은 처녀 나이 십오륙 세가 되면 집안 어른들에 의해서 외출이 엄격히 제한되었다. 그러나 봄날 며칠은 예외가 있었던 것이다. 산으로 들로 도라지를 캐러 가는 날이었다. 작은 바구니를 들고 산이나 들에서 도라지를 캐서 돌아오는 자유의 날을 맞았다. 그때 불렀던 노래가 바로 이 노래였다, 라고 하면서 나는 〈도라지 타령〉을 한 곡조 뽑았다. 좀 신기했던 모양이다. 박수가 터져 나왔다.

오리엔테이션 기간 중 또 하나 기억에 남는 것은 벨리 댄스를 보러 갔던 저녁이다. 반라의 옷을 입고 허리와 배를 흔들어 대면서 춤을 추는 모습을 처음 보고 미국에는 별 희한한 춤도 있구나 하고 생각했다. 뒤에 알았지만 그것은 미국 춤이 아니라, 중동지방에서 건너온 춤이라고 한다. 미국은 전 세계의 문화가 흘러 들어와 자본주의를 꽃피우고 있었는데, 한국에서 별로 외국 문화를 본 적이 없는 나에게는 신기하기만 했다.

그렇게 40일간의 오리엔테이션을 끝내고 헤어지는 날이었다. 그 사이 정이 들었다고 조교 둘이 나를 끌어안으며 눈물을 글썽거렸다. 생애에 비하면 참으로 짧은 기간이지만 그때 미국 문화를 처음 접하고 받았던 충격은 좀처럼 잊히지 않는다. 그 후 미국을 두 번이나 방문했지만 처음 받았던 충격은 전혀 아니었다. 늘 그런 경험은 할 수 없지만, 지금처럼 그날이 그날이 되고 있는 삶에서 뭔가 새로운 경험이 될 수 있는 날을 다시 한 번 더 만났으면 좋겠다.

욕망과 절제 사이에서

최근 리우 올림픽 경기에서 온 세계의 주목을 받았던 선수가 있었다. 자메이카의 우사인 볼트라는 인물이다. 올림픽 3연패를 달성한 선수로서 100m에 이어 200m 400m까지 신기록을 달성해서 화제의 인물이 되었다. 세계의 매스컴들은 올해 올림픽 제일의 영웅이라고 칭송했다. 승리 후 그의 독특한 세리모니가 유명해서 그를 더욱 멋진 영웅으로 만들었다. 그런데 축복에는 액이 따라붙는 법인지 액땜을 하는 것을 보았다. 워낙 유명인사인 터라 파파라치들이 가만히 있을 리가 없다. 그에게 정혼한 여인이 있었던 모양이다. 서양이나 동양이나 약속한 사람 외의 사람과 정사를 즐기는 일이 발각되면 비난이 쏟아지기 마련이다. 매스컴이 더 난리를 피웠다. 유명해지면 그 명성과 함께 돈도 많이 생기는지, 아니면 그 명성에

혹해서 그와 하룻밤의 즐거운 놀이를 같이했는지는 모르지만 돈도 있고, 명성도 있으면 으레 여인들이 잘 꼬여든다. 대체로 사내들이란 부족할 데 없는 미인을 아내로 두고 있어도 딴 여자와 바람을 피우는 예가 흔하다. 한눈파는 버릇을 원래부터 갖고 있는 것이 사내들인지, 아니면 찬을 바꾸어 먹듯이 같은 음식에 질려서 다른 음식을 먹고 싶기 때문인지 모를 일이다. 그런 사내들에게 꼭 꼬리를 치는 여인이 있다. 새로운 음식을 먹어보고 싶어 하듯이 그녀와 바람을 한번 피워 보고 싶은 생각이 드는 모양이다. 내가 '대체로' 라고 말하는 것은 전혀 그렇지 않은 사람도 있다는 의미다. 삿대질을 하며 내게 대들 사람이 있을지도 모른다. 자기가 그러니까 남도 그런 줄 알고 함께 끌어넣는다고 공박할지도 모르니까 하는 소리다. 물론 안팎으로 행실이 바른 사람은 전혀 그렇지 않을 수 있다. 내게 정색을 하고 대드는 사람이 있을까 봐 하는 소리다. 내 마음 짚어서 하는 소리니까 너무 탓하지 말기 바란다.

모두 그렇다고는 말할 수는 없지만 사내들이란 다 그렇고 그렇지, 하고 아예 치지도외시하고 사는 여인들도 많다. 비단 우사인 볼트가 아니더라도 사내들이란 워낙 바람기를 천성으로 타고났다고 하면 큰 실례가 되는 것인가. 이미 정혼한 여인이 있어도 그렇지만, 남이 보기에 아주 단란한 가정을 꾸미고 사는 사내도 매력적인 여인과 은근히 로맨스를 즐기고 싶어

하는 심정을 감추고 있다고 하면 저나 그렇지, 왜 남을 끌어넣어, 하고 탓할 터인가. 물론 음행을 즐기는 사내들이 있긴 있다. 내가 사내들에 대해서만 말했지만 여자라고 해서 전혀 그런 마음이 없다고 단정할 수 있을까. 내가 여인이 되어 보지 못했으니, 꼭 그렇다고 말할 수는 없다. 성인군자도 가끔 성에 있어서는 일탈이 있었던 것을 보면 전혀 그렇지 않다고 부정할 처지는 아니라고 생각된다. 내 마음 짚어 남을 안다고 매력적인 이성을 보면 나도 모르는 사이 눈이 가고, 마음이 끌리는 것이 사실이다. 그와 달콤한 로맨스를 한번쯤은 가지고 싶다는 간절한 욕구를 부정하지는 못한다. 그것이 차라리 인간의 원초적인 본능이 아닐까.

동물의 세계를 보면 힘이 센 녀석이 뭇 암컷들을 몽땅 차지하는 예가 흔하다. 가끔은 자기 짝에 충실한 동물도 있긴 있다. 그러나 사자나 물개 같은 녀석들은 최강자가 무리의 암컷을 다 차지한다. 그보다 더한 강자가 나타나면 힘의 승패를 겨루다가 패하면 죽거나 쫓겨나서 비참한 신세가 된다. 이후 어디서 어떻게 죽는지도 모르고 생을 마감한다고 한다. 동물의 세계에서는 강자의 질서다. 그뿐만 아니라 자기와 교배해서 만든 새끼가 아니면 연약한 새끼들을 전부 물어 죽인다는 것이다. 강자의 질서만이 작용하는 세계인 셈이다. 암컷들도 새 강자의 씨를 받아서 키우는 것이 당연하다는 듯이 따른다.

매스컴에 자주 보도되고 있지만 권력 있고, 돈 있는 명사 급 사내들이 젊은 여인들을 집적거려서 창피를 당하는 예를 자주 본다. 물론 자기 아내가 아닌 여인들과의 관계에서 들통이 나서 치르는 곤욕이다. 동물과 다른 점은 인간 스스로 만든 규율이 더 큰 힘을 발휘하기 때문이다. 남녀 양인이 서로 마음이 맞아서 은밀하게 진행된 예는 그대로 묻히고 만다. 끝까지 알려지지 않고 진행되면 아주 좋은데 지금의 세상은 감시하는 눈들이 워낙 많아서 그렇게 호락호락하게 넘어가지 않는다. 두 남녀가 유명인사가 될 경우 세상에 알려지지 않고 끝나는 경우가 극히 드물다. 지금까지 그가 쌓아온 행적을 뭉개버리고 아주 나쁜 놈으로 매도된다. 매도하는 데 열을 올리고 있는 바로 그 사람도 과연 전혀 그런 욕망이 없었을까. 얼마 전까지만 해도 간통죄로 단죄되어서 구속 수사될 뿐 아니라 사회적으로 거의 매장된다. 두 사람만이 가진 지금까지의 달콤한 사랑은 일시에 추악한 죄로 단정되어 죄인 취급을 받았던 것이다. "내가 하면 로맨스고, 남이 하면 불륜이 된다."라는 말도 그렇게 해서 유행된 말이다.

사내로서 왕성한 성욕을 지니고 있지 못하면 만사를 기운차게 진행시킬 수 없다는 것이 상식이다. 심리학자 프로이드는 인간을 역동적으로 활동하게 하는 욕망은 '리비도' 라고 한다. 리비도가 지니고 있는 가장 큰 힘은 성욕이라는 것이다. 그 리비도를 어떻게 절제하고 조절하느냐에 따라 그 사람의 행동이 결정된다. 요컨대 성욕은 절대로 나쁜 것이 아니다. 그것을 어떻게 절제하고 운용하느냐에 따라 그 사람의 능력이 결정된다. 리비도가 마음속에서 꿈틀거리고 있기 때문에 그 사람의 능력이 발휘되는 것이다.

전철이나 버스에서 여인의 아랫도리를 사진으로 찍다가 검거되어 죄인으로 취급되는 사내들이 더러 있다. 여인의 아랫도리를 찍는다는 것이 왜 범죄가 되는지 아직도 나는 잘 납득하지 못하고 있다. 그것이 범죄가 되는 줄 알면서도 그런 짓을 하고 있는 것은 더욱 이해되지 않는다. 아름다운 여인들이 전라의 몸매로 촬영되어 달력의 표지에 나와 있는 것을 흔하게 볼 수 있는데, 왜 그런 짓을 하는지 알 수 없다. 지나가는 여인의 아랫도리를 찍는 것을 즐긴다는 것은 아무래도 기벽이라고밖에 할 수 없다. 나는 정말 몰라서 옆의 친구에게 물었더니, 그것을 또 SNS에 올려서 널리 알리는 것이 그 사람의 취미라는 것이다. 쉬운 것도 도무지 이해가 안 되는 세상이 현대인 모양이다.

얼마 전 세상을 떠들썩하게 한 일이 있었다. 상당히 높은 지위에 있는 검찰 간부가 지나가는 여학생 앞에서 자위행위를 하다가 들켜서 창피를 당한 적이 있다. 본인도 그것이 부끄러웠던지 계속 부인하면서 안 그랬다고 발뺌을 했다. 수사팀이

꼼짝 못하는 증거를 제시하자 그제야 인정하고 말았다. 자위 행위를 남이 보는 앞에서 해야만 만족하는 그 심리는 어떤 것일까. 대상은 없고 성적 욕망은 풀어야 되겠다 싶으면 자기 집 안방에서 조용히 남몰래 풀면 그만이지 왜 하필 지나가는 여인이 볼 수 있도록 한 짓인지 이 또한 나로서는 이해가 되지 않는다. 정신과 의사들이 일종의 병이라고 하니 그런가 보다 생각할 뿐이다.

내 나이 여든이 되었으니 참 많이 늙었다. 하지만 아직도 젊은 여인의 예쁜 아랫도리를 보면 즐겁다. 아니, 즐거운 정도가 아니고 만져보고 싶은 충동도 있다. 다리가 굵고 살이 많이 쪄서 보기가 좋지 않은 여인도 물론 있다. 보기 안타깝다. 괜한 걱정을 하고 있다고 퉁을 줄 사람이 있을지 모르겠다. 내가 이렇게 생각하고 있는데 본인인들 얼마나 안타까울까. 이미 성적 욕구는 사라졌지만 아름다운 여인의 각선미를 보고 즐거워하는 것도 죄가 되는 것일까. 그것도 음행으로 간주될 수 있는 것일까. 마음으로 음행을 품은 자도 죄를 짓고 있는 자라고 어느 종교적인 성인이 말했으니, 죄를 짓지는 아니했지만 그 근처까지 간 셈이다. 아, 그렇다. 아름다운 다리가 풍겨주는 매력은 아직도 내게 건재하고 있다. 주책없다고 말할 사람이 있을지도 모른다. 그렇지만 그것은 내게 아직도 사내로서 남아 있는 한푼의 욕망이 아닌가.

인간을 정의하는 데 동서양에서 여러 가지 말로 하고 있다. 그중에서 서양 사람들은 도구를 사용할 수 있는 동물이이라고 한 반면에, 동양 사람들은(주로 유교를 바탕으로 해서 한 말이겠지만) 예의염치(禮儀廉恥)를 아는 것이 인간이라고 했다. 뜬금없이 무슨 예의염치냐고 젊었던 시절 의아스럽게 생각했다. 그렇지만 서양인은 도구적인 관점에서 인간을 바라보았다면 동양은 정신문화적인 관점에서 바라본 것이 동서 문화의 차이라는 생각이 든다. 그 예의염치가 바로 인간사회를 문화사회로 바꾸게 한 단초가 되는 셈이다. 질서나 법률도 바로 거기에서 나온 것이 아닌가. 욕망, 그렇다. 성적 욕망은 인간이면 다 가지고 있다. 아니, 바로 그것이 생명력이다. 절제할 수 있는 능력을 지니고 있느냐 없느냐 하는 것, 또한 다른 동물과는 다른 인간만의 능력이다. 현대 사회는 법규가 사회 질서를 유지시키는 근간이라고 생각한다. 하지만 그 단초는 바로 '예의염치'에서 출발한 것이다. 여든이라고 해서 내게 사내의 욕망이 없다고 하면 매우 서운하다. 그 욕망을 절제하면서 살고 있다는 말을 하고 싶다.(내 나이를 알면 웃을 사람이 있겠지만.)

우리 다시 만나요, 창진 형

창진 형이 세상을 떠나셨다는 말을 전해 들었을 때 나는 별로 놀라지는 않았습니다. 우리 모두에게 올 때가 되었구나 하는 생각이 들었을 뿐입니다. 창진 형이 먼저일 뿐이지 나나 그분의 친구 되시는 분이나 모두 다섯 손가락으로 몇 번 세지 않아서 이 지상을 떠나야 할 나이들이거든요. 잠깐 헤어지는 것이지요. 영원한 이별이라고는 생각하지 않습니다. 바람과 구름으로, 햇볕과 그늘로, 장미와 훈풍으로, 풀잎과 이슬로, 이제 새싹으로 움트고 있는 철쭉과 갯메꽃으로, 아니면 뭉게구름과 소낙비로 그렇게 만나기로 되어 있지 않습니까. 불가에서는 인연이라고 하더군요. 불과 백 년도 못 사는 우리들의 만남도 삼천 년 전에 이미 예비되어 있다고 하지 않습니까. 이 거대한 자연의 울안에서 그렇게 만나기로 되어 있지 않아요.

결코 영원한 이별은 아닙니다. 잠시 헤어져 있을 뿐입니다. 잠시의 그 이별을 세상 사람들은 가슴 아파합니다만 다시 생각해 보면 슬퍼할 일도 아닙니다. 남아 있는 우리들도 창진 형을 따라 이 지상을 떠날 날이 그리 멀지 않았다는 것을 알고 있기 때문입니다. 세상 사람들은 이승과 저승이라고 그렇게 구분해서 말합니다만 따지고 보면 한곳에 가는 거지요.

돌이켜보니 창진 형과 근 십여 년 동안은 이런저런 일로 만났습니다. 아마 그보다 더 오래되는 것도 같아요. 특별한 일은 아닙니다. 세상 돌아가는 이야기, 문학 이야기, 꽃 이야기, 서로의 건강을 묻는 얘기들이었지요. 뭐 대단한 이야기는 아니었습니다. 만나는 것 그 자체가 즐거워서 만난 거지요. 얽히고설킨 이야기들이 많아야 흔히 인연이라고 하지만 우리들은 그런 것은 전혀 없습니다. 아주 자주 만난 것은 아닙니다만 10여 년의 세월을 보내면서 쌓아온 정은 창고 가득히 쌓아놓은 볏섬 같았습니다.

결코 자주 만났던 것은 아니었습니다만, 우리들의 마음속에서는 다시 만날 때까지 그 여운이 곱게 남아 있지 않았습니까. 창진 형은 평소 말이 없으신 분이지요. 모든 말을 웃음으로 대신하지요. 특별히 기억에 남는 말도, 기억에 떠오르는 말도 없네요. 하지만 말을 많이 나누었다고 그 기억이 오래 남습니까, 창진 형의 그 나직하고 고운 미소는 가슴 속에서 통 지워지지 않습니다.

《숙맥》 동인지를 만들 때의 일이 문득 생각납니다. 그전에도 더러 만나서 차를 마시면서 이런저런 이야기를 나누었습니다만 《숙맥》 동인지를 만들자고 의논이 된 것은 인사동의 허름한 어느 다방에서의 일입니다. 어떻게 해서 그날 그렇게 만나게 되었는지는 도무지 생각이 나지 않습니다. 창진 형, 김재은 교수, 김용직 형, 주종연 군, 그리고 나는 인사동 어느 후미진 다방에서 우연하게 만났습니다. 그 이전에도 수차 만났었겠지만 기억력이 워낙 희미한 편이라 잘 생각이 나지 않습니다. 누군가 이런 제의를 했습니다. "우리 이렇게 만나서 잡담만 할 것이 아니라, 글을 써 모아서 만났다는 흔적이라도 만드는 것이 좋지 않겠어요."라고 했습니다. 그 제안을 한 것은 아마도 김재은 교수로 기억됩니다만 확실하지는 않습니다. "그 좋지요." 모두들 박수를 치며 동의했습니다. 당장 몇 달 안으로 글 몇 편을 써 오도록 해요. 동인으로 모시고 싶은 사람도 추천하고요. 가장 연장자인 김재은 교수가 강조하듯이 말했습니다. 그렇게 해서 아무 날까지 글 몇 편씩을 써 내기로 했습니다. 《숙맥》 동인지의 탄생은 그렇게 시작된 것입니다.

창진 형은 평소 워낙 말수가 적은 분이라 빙긋이 웃고만 있었습니다. 그런데 동인지를 낼 때는 귀찮은 일은 창진 형이 도맡아 했습니다. 창진 형을 만난 것은 대학 때일 것입니다만 만나서 말을 나눈 기억은 별로 없습니다. 학과의 3년 선배 되시는 분이라 어려워서 그렇기도 했겠지만 당시 학비를 벌어서 쓰느라고 학과의 동료들도 만나서 이야기를 나눌 기회가 별로 없었습니다. 하긴 대학의 3년 선배라면 말도 제대로 못 붙일 때입니다만, 4학년은 졸업반이라 바쁘고 나는 아르바이트를 하느라고 바빴습니다. 출석률이 시원찮은 편이었지요.

창진 형의 건강이 나쁘다는 소식은 근래 가끔 들었습니다만 노인의 건강 다 그렇지, 하고 예사롭게 생각했습니다. 내 건강도 좋은 편은 아니었으니까 다른 사람의 건강까지 신경 쓸 여유가 없었는지 모르지요. 그런데도 창진 형의 건강이 아주 나빠지기 전까지 《숙맥》지 편집의 일을 도맡아 하도록 했습니다. 자잘하고 성가신 일들이 얼마나 많았겠습니까. 내가 일산에 살 때의 일입니다만 《숙맥》에 낼 원고가 없어서 그동안에 장난을 치듯이 쓴 원고를 낸 적이 있습니다. 아무래도 마음에 걸려서 말도 되지 않는 그 원고를 빼야겠다고 했더니, 내가 읽어보니 재미있던데 그래, 하면서 그냥 두라고 했습니다. 내가 놀란 것은 내 원고를 언제 다 읽었느냐는 생각이 들었습니다. 나는 요즘에 와서 시력이 아주 나빠져서 꼭 읽어야 할 글도 제대로 읽지 못하고 있습니다. 《숙맥》에 실린 동인들의 글도 읽지 못하고 만남에 나가서 멍청이 앉아 있을 때가 많았습니다. 만나서 이야기하다가 보면 읽지 않았다는 것이 들통날 것 같아 조마조마 할때가 많습니다.

내가 아직 이화대학교에 재직하고 있을 때인지, 퇴직하고 난 뒤의 일인지 그것 역시 희미합니다만 김재은 교수와 함께 대학 뒤의 허술한 식당에서 만난 적이 있었지요. 점심시간이어서 혼자 먹기가 멋쩍어서 김재은 교수를 불렀던 것인데, 창진형도 이 근처에 살고 있으니까 불러서 함께 먹는 것이 어때요,라고 김 교수가 제안했습니다. 아주 좋은 생각이라고 그 당장 전화로 불렀더니, 금방 나왔습니다. 별로 배가 고프지 않는 듯했지만 우리가 부르니까 같이 참석한 것 같아 보였습니다. 아주 값이 싼 점심이었습니다. 지금 생각해 보니 왜 좀 더 일찍 좋은 곳에 모시지 못했을까 후회가 됩니다.

창진 형을 아주 굉장한 시인이라고 말할 수는 없을지 모릅니다. 세상에서 흔히 말하는 베스트셀러 작가도 아니고, 또 여기저기 불려 다니면서 강연을 요청 받는 시인도 아니기 때문입니다. 그렇지만 시를 지극히 사랑하시는 분, 시 같은 생활을 하고 계시는 분, 웃음이 시 같은 분이라고 말해도 결코 틀린 말은 아닙니다. 내게 준 시집, 《저 꽃들 사랑인가 하여》는 내가 아끼듯 읽으면서 사랑하는 시집입니다. 매 시마다 아름다운 시가 있어서 눈이 피곤하지 않아서 좋습니다. 시를 몰라도 꽃을 보면서 시를 읽으면 마음이 시원해지거든요. 거기에 실린 꽃들의 이름을 나는 대부분 모릅니다. 꽃은 좋아하면서도 그 이름은 왜 그리 기억되지 않는지, 나는 '꽃맹' 이라고 해도 틀린 말이 아닙니다. 온갖 이름 모를 꽃들이 시의 소재로 쓰였더군요. 꽃에 대해서는 워낙 무식해서 이렇게 많은 꽃들을 언제 다 보았을까 하고 감탄을 거듭했읍니다. 그 시집은 한 번에 읽고, 좋다 나쁘다 그렇게 말할 성질의 시집이 결코 아니더군요. 책상머리에 두고두고 읽으면서 보고 즐겨야 할 시집인 것 같더군요. 시도 좋지만 꽃들의 포즈도 멋지더군요. 나로서는 그저 감탄만 거듭할 뿐입니다. 꽃이나 나무에 대해서 내 딴에는 사랑을 갖고 있습니다만, 무심히 바라만 보고 즐기기만 했더군요. 무식한 나를 깨우쳐 주려고 쓴 시집이 아니었나 하는 생각이 듭니다. 시집에 실린 내가 제일 잘 안다고 할 수 있는 〈할미꽃〉에 대해서 한번 읊어 보지요.

> 할미꽃에도/ 어린 날이 있었네/ 내 같으면 제비꽃과이겠다./ 딱 그리 만치/ 입을 열고/ 더 열면/ 목쉬어/ 에미가 듣지 못하지/ 바람만 삼켜오는/ 저들 이유식이어/ 나중에 그 이유에서/ 바람의 열매가/ 날릴 것을

그 모습을 있는 그대로 보고 즐기는 것 같은데 사실은 그 속에 깨소금 같은 유머가 담겨 있군요. 창진 형이 말없이 보내는 웃음과 꼭 같습니다.

창진 형이 세상을 뜨고 나니 우리 동인지도 그만두자는 말이 나오고 있습니다. 의욕이 사그라지고 있는 모양입니다. 나도 그 말에 따르고 싶지만 오기가 나서 그만 두고 싶지 않습니다. 동인 중 한 몇 사람이 남더라도 계속하자고 버틸 작정입니다. 아니, 혼자라도 버티고 싶은 오기가 납니다.

창진 형! 저승이 있는지 없는지 모르지만 우리 다시 만난다고 생각합시다. 다시 만나지 못한다면 너무 억울하지 않아요. 이 지상의 삶을 한낮의 꿈이라고 누군가 말하지 아니했던가요. 이전에는 예순도 못 살고 이승을 떠나는 사람이 많았지만 이제 여든까지 살고 있지 않습니까. 그때보다는 수명이 많이 늘었지요. 나는 덤으로 사는 세상이라 하고 살고 있습니다. 그런데 가만히 생각해 보니, 창진 형! 우리가 헤어지는 것이 아니라는 생각이 듭니다. 자연으로 돌아가서 다시 만나는 거지요. 창진 형의 얼굴을 기억할 수 있을지 그것이 걱정됩니다. 못 알아보면 어때요. 꽃으로, 수목으로 그렇게 있을 텐데요. 창진 형의 그 잔잔한 미소는 아무것하고도 바꿀 수 없는 것이라서 곧 알아보게 될 것입니다. 잘 가세요. 쉬 또 만나요. 중국어로 헤어질 때의 인사를 '짜이찌앤'(再見)이라고 하더군요. '짜이찌앤! 창진 형.' 그래요. 우리 다시 만나요. 다시 만난다고 생각하고 있으니까 조금도 슬프지 않네요. 천지만물이 함께 있는 자연의 그 품속에서 다시 만난다고 생각하니까 즐겁기까지

하네요.

"짜이찌앤!" 내가 이렇게 큰 소리로 외칠 테니까, 창진 형도 나와 함께 큰 소리로 외치세요. 창진 형의 그 잔잔하고 고운 미소가 내 가슴에 남아 있는 한 이승에서도 창진 형과 헤어진 것이 아닙니다. 그래요. 우리 곁에 계시는 군요. 그 잔잔한 미소, 가슴으로 전해오는 그 미소, 메아리가 되어 지금도 내 가슴에 울리고 있네요.

"짜이찌앤, 창진 형!"

내 목소리 듣고 계시지요?

이화동산

이화대학교와 인연을 맺고 살아온 지 어언 40년이 넘었다. 아직도 일주일에 한 번은 출근한다. 이 대학 출신들은 말끝마다 우리 '이화동산'이란 말을 애정이 듬뿍 담긴 말로 표현한다. 모교를 사랑하지 아니하는 졸업생이 어디 있을까마는 그 사랑이 유별나다. 이 대학 출신이 아니더라도 이화대학교에서 오랫동안 몸담고 일하는 사람들도 마찬가지다, 나는 '이화동산'이란 말을 지금까지 별로 써 본 적이 없다. 이 대학에서 헌신적으로 일하는 사람들을 보면서 나는 항상 동산 밖에서 구경이나 하고 있는 사람으로 느끼고 있었다.

최근에 이화동산에서 난리가 났다. 이전에도 더러 시끄러운 일이 없었던 것은 아니지만 이번처럼 캠퍼스 안팎으로 야단이 난 적은 없었다. 학생들이 입학 제도에 불만을 품고 데모를 하기 시작했을 때만 해도 며칠 하다가 그만둘 줄 알았다. 그런데 아니었다. 보직 교수들을 감금하고 요구사항을 들어줄 때까지 농성을 풀지 않겠다는 것을 보고 학생들이 너무하지 않나 하고 생각했다. 농성이 오래 지속되면서 마침내 총장이 사임하는 일까지에 이르렀다. 곧이어 더 크고 고약한 사건에 휘말려 들기 시작했다. 이른바 최순실 게이트라고 부르는, 거대한 나라 안의 회오리에 말려들기 시작했다. 대통령 탄핵까지 몰고 온 사건이니 결코 작은 사건이라고 할 수 없다. 매스컴에서는 재미나는 일이나 생겼다는 듯이 연일 보도하고 있다. 이미 사임한 총장이 그 사건에 휘말려 국회 청문회에 불려 나오고, 담당 처장, 학장은 물론 연루된 교수들까지 구속되는 사퇴에까지 이르렀다. 어느 여자 배우가 드라마에서 걸핏하면 애용하던 말, "난리, 난리 그런 난리가 없다."라고 한 말이 떠올라 웃음이 나온다.

내가 이화대학교 교문 앞으로 처음 와 본 것은 아마도 육십 년 전쯤으로 생각된다. 대학을 입학하고 난 뒤 그 다음 해 봄쯤이었을까, 친구와 이화대학교 정문 앞 거리까지 볼 일이 있어서 왔던 것으로 기억된다. 그 앞은 조그만 가게들이 무수히 많았는데, 남학생들도 덩달아 그 앞을 괜히 얼씬거리고 있었다. 살 것도 없으면서 학생들이 웅성거리는 가게에 들어가 보기도 했다.

이대 앞의 정문 초소까지 오긴 왔으나 들어가 볼 엄두는 내지 못했다. 수위가 정문에 버티고 있었기 때문이다. 들어오는 사람마다 심문이나 하는 듯이 무슨 일로 왔는지 묻고 있었다. 막 돌아서는데 나의 고향 남지에서 유일하게 이 대학에 입학한 E를 만났다. 고향에 있을 때는 만나도 인사를 하는 둥 마는 둥 했는데 우리를 보더니 반갑게 인사를 했다. 더할 수 없는 기쁨이었다. 그때의 일을 30년쯤 지나서 〈심포니에 앉아서〉라는 글에서 썼던 일이 있다. 지금은 수위실이 있는지 없는지조차 모르게 개방되어 있다. 아무나 마음대로 들어올 수 있다. 중국 관광객들조차 많이 찾는다고 한다. 이곳에 들르면 행운이 따른다는 속신(俗信)이 있기 때문이라나.

사람의 앞일을 누가 알까. 내가 이 대학에 인연을 맺고 생의 절반 이상을 보낼 줄을. 정년퇴직은 벌써 했는데 지금도 화요일이면 나와서 수업을 하고 수강생들과 점심을 같이 먹고 있다는 사실을. 재직하는 동안 업적을 쌓지는 못했지만 큰 실수 없이 보냈던 것을 자랑했더니, 친구가 그게 무슨 자랑이야, 못난이라는 의미지, 하고 구박을 했다. 실수란 대체로 제자들과의 스캔들이다. 틀린 말도 아니다. 남성으로서 매력이 없다는 것을 증명하는 셈이니까.

정년퇴임을 하고 이 대학의 평생교육원에서 수필 강의를 맡은 지 어느새 16년이 되었다. 알다시피 평생교육원은 입학 자격이 따로 없다. 학력을 묻는 법도 없지만, 아주 다양하리라고 생각한다. 몇 년 전 일이지만 낯이 매우 익은 분이 수강생 자리에 앉아 있어서 내가 혹시 잘못 보았나 하고 고개를 갸웃거리다가 옆 사람에게 물어보았더니 이화대학교 교수였던 분이라고 했다. 자주 뵙던 선배 교수였지만 너무나 뜻밖이어서 나는 알아보지 못했던 것이다. 박사 학위를 가진 사람도 있었고, 고등학교 국어교사를 하신 분도 있었고, 정부 고관이었던 분도 있었다.

내가 평생교육이라는 시스템을 처음 알게 된 것은 미국에서 유학하고 있을 때였다. 정규 과목으로 설정할 수 없는 잡다한 과목들을 설강해서 아주 저렴한 등록비로 수강하게 했다. 가령, 태권도, 유도, 사교댄스, 요리, 스피치 등 이 외에 처음 듣는 과목도 많았다. 대학 당국과 어떻게 연계되어 있는지 모르지만 그저 신기하다고만 생각하고 있었다. 담당 강사는 대개 석 · 박사과정에 있는 학생들이고, 그 외에 사회에서 다양한 직업에 종사하고 있는 사람들이었다. 과연 미국은 자유로운 국가구나 하고 감탄했을 뿐이다. 한국에 돌아와서 몇 년 지나지 않아서 보니 대학마다 우후죽순(雨後竹筍)처럼 평생교육원이 생기기 시작했다. 그러나 미국처럼 시민에게 베푸는 서비스 차원에서 개설되어 있는 것이 아니다. 여러 가지 목적이 있겠지만 공짜는 없다는 말이 가장 적절한 표현인 것 같다.

등록하는 수강생이 없으면 그때부터 평생교육원의 내 과목은 폐강되는 것이다. 그러나 16년을 수강생들이 끊이지 않고 등록하고 있다는 것은 다행한 일이라고 할 수 있을까. 솔직히 말하면 내가 수필 과목을 가르칠 수 있는 자격이 있는지 의심이 들 때가 많다. 이름 있는 문인도 아니고, 말솜씨가 좋은 강사도 아니다. 그렇다고 해서 훌륭한 작품을 썼다고 자랑할 만한 처지도 아니다. 그저 운이 좋아서 지금까지 견딘다고 말할 수밖에 없다.

이쯤에서 나의 문학관을 조금 밝혀 둘 필요가 있다고 생각한다. 나는 대학에서 현대소설을 가르쳤다. 하긴 가르친 것인지, 배운 것인지 잘 모르지만, 어쨌든 문학을 강의해 왔고, 연구해 온 것은 사실이다. 문학 연구란 문학적 가치를 다수가 인정하는 작품을 대상으로 해서 한다. 그것은 당연할 수밖에 없다. 따라서 몇몇 이름 있는 문인들을 대상으로 해서 문학사를 쓰게 되고, 그들 위주로 문학 연구도 진행되었다고 할 수 있다. 그러나 문학도 민주화 시대와 함께 대중화 시대에 온 것 같다. 현재 한국문인협회에 등록된 작가들만 해도 만여 명에 이르고 있다고 한다. 그들 모두가 나름대로 문학 활동을 하고 있는 것이다.

이제는 인쇄된 글자로만 전개되는 문학이 아닌 시대에 온 것이다. 조르주 풀레의 말처럼 종이 위에 인쇄된 글자만이 문학이 아니다. 그 글자를 읽고 우리의 정신 속에서 문예활동을 하는 것이 문학이다. 글자를 통한 일종의 정신작용이 문학이다. 따라서 종이 위에 인쇄된 문자를 읽고 그 문학적 행위를 수행할 때 비로소 문학이 성립된다는 것이다. 명작만 읽고 감상하는 것만이 문학 활동을 하는 것이 아니다. 자기가 쓴 서툰 작품이라도 읽고 또 쓰면서 우리의 정신 속에서 문학행위에 몰두할 때가 문학이라고 할 수 있다.

재능을 가진 소수의 사람들만의 전유물인 것처럼 생각하는 문학관과는 다른 관점이다. 문학 작품 읽기를 좋아하는 사람은 이미 문학 행위를 시작한 셈이다. 반드시 걸작이 아니라도 좋다. 서툴게 쓴 자기 작품을 읽고 보다 나은 작품을 쓰기 위해서 노력하는 그 자체가 문학 행위를 하고 있다고 보아야 한다. 물론 소수의 문학적 천재가 출현해서 새로운 경지의 문학작품을 보여줄 수도 있다. 대중은 그 걸작에 감동을 받으면서 자기 내면에 키워온 문학작품을 재음미하는 것이다. 지금까지는 작가는 작가로서의 가치를 발휘하고, 독자는 독자로서의 임무를 수행한다고 생각했지만, 이제는 이 양자를 함께하는 세상이 되었다는 것을 말하고 싶은 것이다. 문학은 반드시 걸작을 내기 위해서 존재하는 것만은 아니다. 자기를 표현함으로서 자아 치료의 효과도 있는 것이다. 자아 정화(淨化) 기능을 갖고 있다는 것은 희랍시대부터 제기되어 왔던 문학의 기능이다. 나는 그것을 행위의 문학이라고 말하고 싶다.

대학에 있을 때부터 나는 '수필' 과목을 교과 과목의 하나로 설정하고 싶은 생각을 갖고 있었지만 여러 가지 사정으로 그 뜻을 이루지 못했다. 퇴직 후 늦게나마 수필과목을 담당하고 또 수필 쓰는 사람과 인연을 맺고 교류하는 것은 내 노후의 즐거움이라고 할 수 있다. 내가 지도해서 수필 문예지에 신인상을 받고 활동하고 있는 수필가만 해도 20여 명이나 된다. 아주 즐거운 일이다.

이화동산에 인연을 맺고 살아온 지 근 사십 년, 이제 나도 이화동산이라는 말을 예사로 써도 되는지 모르겠다. 애정을 듬뿍 담고 그 말을 쓰는 사람을 보고 웃었지만 어느새 나도 그렇게 되었다. 오래전의 일이지만 한 · 중 · 일의 비교문학대회를 이화대학교에서 개최한 적이 있다. 당시 비교문학회의 회장직을 내가 맡고 있을 때인데, 세계비교문학회 회장도 참석한 학술대회였다. 참석한 학자들이 이구동성으로 이화동산의 캠퍼스가 아름답다고 칭찬을 아끼지 않았다. 마침 꽃들이 다투어 피는 봄철이었기 때문에 꽃들의 향훈까지 더해서 이들을 감동시켰던 것 같다. 크고 웅장하지는 않지만 건물 사이에 숨어 있던 작은 정원들이 나타난다. 마치 귀에 대고 속삭이듯이 작은 정원은 펼쳐져 있다. 내가 일본의 비교문학대회에 참가했을 때 그때 한국 대회에 참석했던 학자들이 모두 입을 모아 이화대학교의 교정을 칭찬했다. 듣기 싫지 않았다. 늦었지만 나도 이화동산이라는 말을 즐겨 쓰는 사람 중의 하나가 되었다는 의미가 아닌가.

즈려밟고 가는 꽃

우리의 고시조에 "낙환들 꽃이 아니료 쓸어 무삼하리오" 라는 시조가가 있다. 꽃이 져서 땅에 떨어져 있는 모습을 보고 안타까워서 읊은 시조다. 대개의 꽃은 가지에 매달려 있을 때만 보기가 좋다. 일단 땅에 떨어져 있으면 꽃이 아니고 쓰레기다. 특히 꽃잎이 크고 넓을수록 나무에 매달려 있을 때와는 달리 추하다. 떨어져서 땅바닥에 널브러져 있는 것을 보면 초라하다 못해 지저분하기까지 하다. 피고 있을 때의 그 고운 얼굴을 생각하면 가능한 한 짓밟지 않고 피해가지만 미안하기보다 차라리 화가 난다. 목련이 그 대표적인 꽃이다.

벚꽃은 이와는 달리 피었을 때나 졌을 때나 기분 좋은 느낌을 준다. 벚꽃이 필 때는 그 주위가 화려하다 못해 환호성이라도 지르는 느낌을 준다. 나무 밑을 지날 때는 나를 위해 만들어진 아치 같다. 너무 빨리 져버려서 그게 안타깝지만 땅에 떨어져 깔려 있어도 귀여운 목소리로 속삭여 주는 듯하다. 마치 카펫을 깔고 반겨주듯이 작은 목소리도 속삭여 준다. 그렇다. 떨어져 누운 꽃잎마저도 예쁘고 귀엽다. 목련과는 전혀 다른 기분을 느낀다. 그 작은 꽃잎들이 떨어져 곱게 깔려있는 곳을 지날 때는 잠시 고운 카펫을 밟고 지나가는 듯하다. 필 때도 화려하지만 낙화로 깔려 있어도 예쁘고 귀엽다.

이형기 시인은 〈낙화〉라는 시에서 이렇게 읊었다.

> 가야 할 때가 언제인가를
> 분명히 알고 가는 이의
> 뒷모습은 얼마나 아름다운가.

인간에게 있어서 낙화는 이승을 떠나는 일이다. 가야 할 때를 분명히 모르지만 대강은 알고 있다. 우리의 삶은 백 년을 넘기기 어렵기 때문이다. 그렇지만 몇 백 년을 살 것처럼 욕심을 부리다가 추한 모습을 보이고 떠나는 사람도 있고 아직 살 날이 많은데도 좋은 일을 많이 하고 안타깝게 떠나는 사람도 있다. 이 시인은 낙화하는 때를 알고 가는 사람의 뒷모습은 아름답다고 했다. 무엇을 안다는 말인가. 꽃은 다음 해 다시 피지만 사람은 한 번 지면 끝나는 인생인데, 알면 무슨 소용이 있느냐고 되묻고 싶다. 안다는 것은 자연의 섭리를 얼마간이라도 터득하고 간다는 뜻일까. 깨닫고 가는 이와 깨닫지 못하고 가는 사람의 차이가 무엇일까. 죽음으로서 이승과 저승을 갈라놓는 것은 분명한 사실이지만 깨닫기 위해 애쓰다가 가는 사람을 우리는 존경한다.

지는 꽃을 사무치도록 읊은 시인은 영랑이다. 목련이 아니라 모란이지만, "모란이 뚝뚝 떨어져버린 날/ 나는 비로소 봄을 여읜 설움에 잠길 테요."라고 읊었다. 진한 울음 같다. "모란이 지고 말면 그뿐, 내 한 해는 다가고 말아." 그렇지만 모란 역시 다음 해만 되면 다시 필 것이다. 어쩌면 모란이 질 때마다 그처럼 설움에 잠기겠지만 우리가 살아가는 동안 그 슬픔을 극복하면서 사는 것이 이승의 삶이다.

소월의 저 유명한 〈진달래꽃〉도 피어 있는 진달래라기보다 낙화되어 있는 진달래꽃을 읊고 있다. 이 시는 한국인의 가슴에 깊숙이 묻혀 있는 정한(情恨)을 담고 있는 듯해서 절창(絕唱)이 되고 있다. "가시는 걸음걸음/ 놓인 그 꽃을/ 사뿐히 즈려밟고 가시옵소서"라고 읊고 있다. 어떻게 밟는 것이 "즈려밟는" 것인지, 알 수는 없지만, 함부로 밟는 것은 아닐 것이다. 떨어진 진달래꽃을 모아서 가시는 길에 깔았을까. 아니면 아직도 줄기에 싱싱하게 매달려 있는 것을 따서 가시는 길에 깔았을까. 임에 대한 나의 정성으로 보아 후자일 것이 분명하다.

이때의 꽃잎은 낙화된 꽃잎이 아니라, 꽃다발 대신에 바치는 내 정성이다.

대개 우리는 꽃잎을 짓밟는 사람을 잔인하다고 생각한다. 그렇지만 소월의 시에서처럼 내가 깔아놓은 꽃잎을 밟고 지나는 사람은 고운 임이다. 나의 이 지극한 정성을 얼마큼은 생각할 것이라고 믿어서 마구 밟지는 못할 것이다. 고운 임은 꽃을 밟는 그 모습까지 새록새록 남을 것이다. 이 시를 낳게 한 영변의 약산동네는 서관(西關)의 명승지로서, 그곳을 둘러싼 많은 전설과 민요가 전해지고 있다고 한다. 봄이 되면 온통 진달래가 꽃밭을 이루고 있는 약산이고, 그 서쪽으로 넓은 벌판이 펼쳐지고 구룡강(九龍江) 푸른 물이 산록(山麓)을 흐르고 있다는 것이다. 옛날 어떤 수령(守領)의 외딸이 약산에 찾아왔다가 그 강의 절벽에서 떨어져 죽고, 그 죽은 넋이 진달래가 되어 약산을 뒤덮고 있다는 전설이 전해오고 있다. 비록 낙화되어 있는 진달래꽃이라고 해도 사랑하는 임이 가시는 길에 뿌려져 있다면 밟혀서도 언짢지 않다. 그 꽃을 내 정성으로 생각하고 기억할 것이기 때문이다.

우리는 이 세상을 살아가면서 밟히는 것을 좋아하는 사람은 없다. 밟히는 것까지 흔쾌히 받아들일 수 있다면 지극히 사랑하는 사람이거나 아니면 성자(聖者)이다. 예수가 성자가 된 것은 사람들의 의해서 밟혀서 죽은 거나 다름없기 때문이다. 십자가에 못 박혀 죽은 것이나 사람들의 저주 속에서 밟혀 죽은 것이나 잔혹하게 죽은 것은 같다. 그렇게 처참하게 죽었지만 그의 말씀은 남아서 몇 천 년 동안 인간의 마음속에 살아 있다. 기독교인들은 부활해서 천국으로 가서 하나님 우편에 앉아 계시다가 저리로 산 자와 죽은 자를 심판하러 오신다고 한다. 결국은 해피 엔딩이다. 고전 연극의 원리로 보면 비극이 희극으로 바뀐 결말인 셈이다. 극히 대조적인 삶이 있었기 때문에 신실한 기독교인은 애통하게 울다가도 다시 환희작약(歡喜雀躍)한다. 그러니까 늘 두 삶을 마음속에 느끼면서 살고 있는 셈이다.

영랑이 목련이 지는 것을 아무리 애달프게 생각해도 이듬해 꽃은 다시 핀다. 영랑 같은 시인이나 목련이 지는 것을 그처럼 애달프게 생각하지만 우리네 같이 평범한 사람은 철이 바뀌니까 그리 되는 줄 알면서 예사롭게 생각한다. 그러니까 그는 시인이 되었고, 우리네는 보통 사람으로 산다. 그러나 사람은 한번 가면 영원히 이승을 떠나기 때문에 애달프게 생각할 수밖에 없다. 우리들의 가슴에 얼마나 오랫동안 남아 있느냐, 얼마나 많은 사람의 가슴에 남아 있느냐는 것이 그 사람에 대한 우리의 사랑을 말해 주는 기억일 것이다.

김춘수 시인은 〈꽃〉이란 시에서 이렇게 읊었다.

> 내가 그의 이름을 불러 주기 전에는/ 그는 다만/ 하나의 몸짓에 지나지 않았다.// 내가 그의 이름을 불러 주었을 때/ 그는 나에게로 와서/ 꽃이 되었다./ 내가 그의 이름을 불러 준 것처럼/ 나의 이 빛깔과 향기에 알맞은/ 누가 나의 이름을 불러다오./ 그에게로 가서 나도/ 그의 꽃이 되고 싶다.// 우리들은 모두/ 무엇이 되고 싶다./ 너는 나에게 나는 너에게/ 잊혀지지 않는 하나의 눈짓이 되고 싶다.

그렇다. 나도 이 세상 모든 사람에게 한 송이 꽃이 되고 싶다. 아니, 가능하면 여러 송이의 꽃이고 싶다. 그렇지만 언젠가는 질 테니까 나를 밟고 가는 사람 모두에게 기분 좋은 느낌이 드는 꽃이 되었으면 좋겠다. "쓸어 무삼하리오"라고 읊은 시인처럼 안타까운 마음이 들게 말이다.

십자가에 못 박혀 죽는 것은 지극히 어려운 일이지만 낙화가 되어 남을 기쁘게 해 주는 일은 그리 어려운 일이 아니다. 소월의 표현처럼 사뿐히 즈려밟고 가는 그 기쁨을 함께 나누고 싶다. 그립고 안타까운 임은 없지만 소월의 진달래를 밟고 가듯이 사뿐히 즈려밟고 가는 사람이 내게도 있다면 그것도 이 세상을 산 한 작은 보람이 아니겠는가.

혼자와 더불어

전국적인 촛불 집회로 박근혜 대통령의 탄핵소추가 국회에서 드디어 가결되었다. 탄핵소추가 결정된 뒤에도 성급한 군중들은 헌법재판소 앞에서 구호를 외치며 데모를 하고 있다. 빨리 결정해서 대통령 자리에서 내쫓아 달라는 것이다. 그 한편에서는 태극기를 들고 탄핵은 부당하다고 외치는 데모 군중이 있다. 이들은 그 수에 밀려서 매스컴에서조차 별로 주목 받지 못하고 있다. 지나가는 투로 잠깐씩 비쳐주면서 언급되기도 한다. 화려한 취임식이 시작되었을 때 누가 오늘날과 같은 볼꼴 사나운 박 대통령의 몰락이 있을 줄 짐작이나 했을까. 문득 희랍 '비극(悲劇)'의 정형을 소개할 때의 조건이 생각난다. 주인공은 반드시 고귀한 신분이라는 것과 비참한 몰락이 따른다는 점 말이다.

규탄 집회가 시작되자 종편 방송은 매달리다시피 하면서 그에 관한 일상생활을 까뒤집듯이 종일 보도하고 있다. 물론 최순실의 행적과 함께 그간의 행동을 시시콜콜 끄집어내어 냉소하기도 하고 질타하기도 한다. 밤이 되면 일제히 촛불을 들고 집회에 참가해서 마치 축제에 참가한 군중 같기도 하다. 촛불 집회의 힘이 이렇게 강렬하고 매서운 줄 미처 짐작도 못했을 것이다. 탄핵소추를 하면서도 행여 부결되면 어쩔까, 노심초사하고 있는 정치인들, 촛불 집회 군중들의 마음에 들지 않을까봐 전전긍긍하는 국회의원들의 모양세도 가관이다.

박근혜 대통령의 걸음걸이, 화장하는 습관, 생활하는 태도 등이 화제에 오르더니 마침내 식사하는 습관까지 화제로 떠올라 마치 즐기는 태도로 보도하고 있다. 은퇴해서 지내던 조리장까지 불러내어 그간에 대통령이 어떤 식습관을 가지고 식사를 했는가, 화제의 대상으로 방송되었다. 대통령은 언제나 텔레비전을 보면서 혼자서 식사를 하는 것이 버릇이라고 했다. 이번 일만 없었더라도 어찌 이런 것까지 방송의 화제에 올랐을까.

텔레비전을 보면서 혼자 식사하는 버릇을 갖고 있다는 말을 들으니까 내 가까운 친구가 들려준 말이 생각난다. 그의 아내도 바로 그런 버릇을 갖고 있다고 했다. 이제 나이드니 함께 지내던 자식들은 다 떠나가 버리고 늙은 내외 단둘이만 살고 있는데, 식사만이라도 함께하기를 바라는 친구의 바람은 매몰차게 뿌리치고 남편을 식탁에 남겨둔 채 아내는 자기 식사할 것을 대충 챙겨서 방으로 들어가 텔레비전을 보면서 식사를 한다는 것이다. 남편이 오직 보기 싫어서 그럴까 하는 생각도 들었지만 반드시 그런 것만이 아니고, 텔레비전을 보면서 식사하는 것이 그녀에게는 더할 수 없는 휴식이고 낙이라고 그녀는 주장한다는 것이다. 박근혜 대통령도 바로 이런 식사 시간을 즐기면서 공무를 떠나 편안한 휴식 시간을 즐겼던 것으로 짐작된다.

이런 여인들은 대체로 고집이 유난스레 세어서 아무도 그 고집을 꺾을 수 없다고 친구는 말했다. 박근혜 대통령의 고집도 여간 아니라서 그녀의 근친이 되는 김종필 씨도 그 고집에 대해서 묘한 말을 했던 것으로 기억되는데 그 말이 지금 생각나지 않는다. 혼자 식사하는 것을 즐기는 사람과 고집이 센 사람과 어떤 상관관계가 있는지에 대해서는 나는 아는 바가 없다. 친구는 그 말이 틀림없다고 무릎을 쳤다. 밥을 혼자 먹는 사람과 여럿이 모여 함께 먹는 것을 즐기는 사람과는 분명히 성격 차이가 있을 것이라고 했다. 박근혜 대통령의 식사 습관을 보면서 그 점을 확실히 깨달았다고 친구는 말했다.

아무리 좋은 음식이 차려져 있어도 나 혼자 먹는 음식은 맛이 없다. 친구들과 어울려 얘기를 나누어 가면서 식사를 하는 것이 내게는 즐겁다. 모두가 가난했던 내 어린 시절, 형제가 많아서 밥 그릇 다툼을 하면서 먹는 것이 오히려 부러웠다. 나는 외아들이라 그러지 못했다. 일제의 공출로 이웃집들은 밥을 못해 먹을 때도 우리 집은 보리밥이나마 때를 거르지 않고 먹고 있었다. 이웃집 종식이네는 거의 매일 갱죽을 쑤어 먹었다. 나는 그 집의 갱죽을 그 집 식구와 더불어 먹는 것이 오히려 즐거웠다. 어머니가 내 밥을 그 집에 갖다 주는 일이 잦았던 일이 생각난다. 그때부터 나는 혼자 먹는 것을 싫어했던 같다.

박근혜 대통령도 어려서 너무나 특수한 계층에서 살았기 때문에 나와는 정반대의 식습관으로 발전하지 않았나 하는 생각이 든다. 선천적으로 생긴 버릇인지, 아니면 성장 과정에서 생긴 버릇인지 모르지만, 밥을 남과 함께 먹는 것을 즐겨하지 않는 버릇은 개인으로서는 문제될 것도 없지만 정치인으로서는 치명적으로 나쁜 버릇이다. 그에게 소통이 문제라고 늘 지적되는 것도 바로 이 식습관에서 비롯된다는 생각이 든다.

우연한 기회였지만 그를 지근거리에서 본 적이 있다. 대통령이 되기 훨씬 전이었다. 내가 속한 학회가 국회와 무슨 연관이 있었는지 국회의 어느 강당에서 개최한 적이 있었다. 사오 미터 떨어진 옆 자리에 박근혜가 앉아 있었다. 물론 나는 처음 그가 거기에 앉아 있는 줄도 몰랐다. 그런데 좀 늦게 들어온 국회의원들이 들어올 때마다 그에게 허리를 구십 도 각도로 꺾어서 인사를 하는 것이다. 나갈 때도 마찬가지였다. 나이가 많이 든 국회의원이나 젊은 국회의원이나 마찬가지였다. 그 광경이 나에게는 너무나 신기했다. 같은 국회의원 신분인데 저렇게 다른 자세로 인사를 하고 받을 수 있을까 하는 생각이 들었다. 그 충격은 오래갔다.

그가 새누리당의 대표가 되고, 후보를 거쳐서 마침내 대통령이 된 것은 아버지의 후광 때문인지, 그의 능력 때문인지는 알 수 없지만, 혼자 식사하는 버릇을 가진 사람이 대통령의 자리에까지 오른 것은 지금 생각하면 기적 같은 일이다. 가끔 여러 사람과 함께 식사하는 모습을 보여주는 준 적도 있지만 그것은 다만 보여주기 위해서였던 모양이다. 그에게는 함께 식사하는 시간은 가장 괴로웠던 시간이었던 같다. 지나온 그의 과거를 보면 어울리면서 정치가가 된 것이 아니라, 항상 떠받듦을 받으면서 지도자가 되고 마침내 대통령의 자리에까지 오른 사람이다, 속사정을 털어놓을 수 있는 가까운 지인은 없었던 모양이다. 최순실도 그렇게 해서 가까운 지인으로 선택되었고, 문고리 3인방의 비서도 그렇게 해서 생겨난 것이다.

지금 생각하면 박근혜 같은 사람을 대통령으로 선택해준 우리 국민들의 잘못도 크다. 나 자신도 박근혜에게 한 표를 찍은 사람이다. 하지만 당시로서는 대안이 없었다. 이런 사람은 대체로 다른 사람을 믿지 못하는 편지만, 일단 믿으면 그 사람에게 푹 빠져 버리는 성격이다. 우리 주변에서도 이런 사람을 흔하게 본다. 그런데 나라를 다스리는 대통령이기 때문에 문제가 되는 것이다. 왕조 시대에 간신의 농간으로 국정이 문란해졌던 예와 비슷한 경우다.

밥을 혼자 먹는 것을 즐기는 사람을 주위에서 많이 본다. 나쁜 버릇이라고 구태여 말할 수는 없을 것이다. 그 사람의 취향일 뿐이다. 남에게 해를 주는 것은 결코 아니기 때문이다. 그러나 지도자가 되려고 한다면 그런 사람은 말려야 한다. 사욕이 없이 정직하다고 해서 반드시 좋은 지도자가 될 수 없다는 것을 이번 일로 해서 우리는 깨달았다. 제왕은 늘 혼자 밥을 먹었다. 그 옆에 시중드는 사람은 있었지만 함께 먹지는 아니했다. 그렇지만 그는 늘 외로웠을 것이다. 곁에 사람이 많이 있다고 해서 외롭지 않는 것은 아니다.

혼자 밥을 먹는 사람은 고집이 세다. 그 상관성을 증명한 것을 본 적은 없지만 추론하건대 그럴 것 같은 생각이 든다. 혼자 밥 먹는 사람은 자기 생각에 골똘하기 때문이다. 그것이 오랜 버릇이 되면 다른 사람의 말을 들으려고 하지 않는다. 박근혜 대통령이 최순실의 말을 철석같이 믿었던 탓으로 이와 같은 일이 벌어졌다. 그가 대통령이 아니라면 그것을 탓할 이유가 없다. 밥을 혼자 먹는 사람은 대체로 자기 생각에 골똘한 사람이다. 다른 사람의 말을 잘 믿지 않는 대신에 일단 믿었다 하면 변함이 없다. 나쁘게 말하면 편견이 심한 편이고, 좋게 말하면 신뢰감이 있는 사람이다. 최 여인의 말을 전혀 의심하는 법도 없이 그대로 믿었다는 것은 그 때문이다.

경우 없이 고집이 센 사람을 우리는 완고하다고 한다. 그러나 옳은 일을 위해서 고집을 세우는 사람은 존경한다. 한결같이 옳은 일을 주장할 때는 그 사람의 신념이라고 우리는 존중해 준다. 신념이 없는 사람은 큰일을 할 수 없다. 그러나 수시로 마음이 변하는 사람에게 어찌 일을 맡길 수 있겠는가. 박근혜 대통령은 나쁘게 말하면 고집이 세고, 좋게 말하면 신념이 굳은 사람이다. 신념을 갖지 않은 사람이 어찌 대통령이 될 수 있을까. 고집과 신념은 아주 가까운 사이이고 비슷한 형태를 띠고 있지만 하늘과 땅만큼의 차이가 있다.

혼자 식사하는 것을 즐기는 대통령을 우리는 나무랄 수는 없다. 그러나 그런 식습관을 가진 사람은 절대로 정치를 해서는 안 되는 사람이다. 정치는 더불어 하는 것이기 때문이다. 남과 함께 밥을 먹는 것을 즐겨하는 사람은 더불어 정치하는 것을 오랜 습관으로 익힌 사람이다. 내가 그에게 한 표를 던질 때에 그것을 미처 깨닫지 못했다. 나의 뒤늦은 깨달음이다. 왜 진작 알아보지 못했을까. 안타깝다.

공군 장교 후보생이 된 내력

참 오래전이다. 새 아파트로 이사를 한다고 하니까 내 지도를 받던 대학원생 몇이 도와주겠다고 집으로 왔다. 여학생들이니 무거운 짐을 들 수도 없고, 살림살이를 챙겨줄 수도 없었다. 이삿짐센터 사람들이 되는 대로 꼽아놓는 책을 바로 세워 꽂아주거나 일꾼들이 정리할 수도 없는 잡동사니를 제자리에 옮겨놓는 일을 거들기도 했다. 그 시절만 해도 이삿짐센터 사람들이 잘 훈련되어 있지 못해서 자잘한 살림살이는 집주인이 해야 했다. 옮기기도 힘들고 귀찮은 책들이 많아서 이삿짐센터 사람들은 사실 속으로 짜증이 나기도 했을 것이다. 젊고 예쁜 여학생들이 도와준다고 하니, 그들은 신이 났다. 책 정리가 대충 끝나자 제자들은 내 서재에 모여 사진첩을 뒤지며 재잘거리기 시작했다. 한 학생이 나의 장교 후보생 시절의 사진을 찾아내서 보고 깔깔대고 웃고 있었다. 내 모습이 아주 신기했던 모양이다. 그때의 내 모습과는 너무나 달랐다고 생각되었던 모양이다.

"선생님도 이렇게 젊은 시절이 있었어요?" 그들은 당연한 말을 하면서 웃고 있었다. 후보생 시절 친구들과 찍은 사진들이었다. 스물다섯에 입대했으니, 햇수로 따지면 그때의 내 나이가 그 곱절에 해당한다. 그리운 젊은 시절이여, 하고 노래라도 부르고 싶은 심정이었다. 다른 사람이 나를 볼 때는 중견교수로서는 한창 시절이라고 생각할 때였다. 그러나 대학을 갓 졸업한 그들에게는 할아버지 교수쯤으로 생각되었다. 모두 스물대여섯 살밖에 되지 않는 나이들이었다. 뒤돌아보니 나도 우리 선생님들을 그렇게 바라보았다. 쉰 살의 나이라면 인생에 있어서는 한창지절이다. 그렇지만 학생들의 눈에는 내가 이미 노교수 반열에 들어서 있다고 생각되는 모양이다. 내가 대학에 다닐 때만 해도 이숭녕 교수를 노교수라고 생각했는데, 그때의 내 나이도 되지 않았다. 그러나 젊었던 시절의 모습과는 너무나 다른 모습에 학생들은 얼마간 충격을 받았던 모양이다. 그로부터 30년, 지금의 내 모습과 비교하면 금석지감(今昔之感)이 든다.

어쨌든 1961년 10월에 입대해서 4개월의 장교후보생 교육을 받고 공군 소위로 임관되었다. 아득한 옛날 같지만 바로 엊

그제 같기도 하다. 퇴역한 지도 50년이 더 된다니, 세월 참 빠르게 흘러갔구나 하고 자탄한다. 만감이 교차되는 가운데 옛날 그 시절과 지금이 함께 나타난다. 동기생들은 퇴역 후 한 달에 한 번 정도 만나서 점심을 같이한다. 총무가 《보라매》지를 속간한다고 나에게 몇 자 적어서 내라고 했다. 대부분 후보생 시절의 이야기를 쓸 것 같아 나는 그 이전에 겪은 코미디 같은 에피소드를 적어 보려고 한다.

당시 공군 장교 후보생으로 입교한 동료들은 모두 나를 비롯해서 대부분 병역 기피자들이었다고 해도 틀린 말은 아니다. 물론 그렇지 아니한 사람도 있긴 하지만 차라리 예외적인 사람이다. 그렇다고 해서 그들 모두가 반정부적인 사람이거나 범법을 고의로 저지른다는 생각을 하지 않았다. 당시의 사회적인 분위기가 그러했던 것이다. 이승만 정권 시절에는 대부분의 젊은이들이 어떤 명목으로든 군 복무를 피하려고 했다. 물론 나도 그중의 한 사람이다. 노무현 대통령의 표현을 빌리면 군에 들어가 3년씩이나 썩는다는 것은 아무래도 헛된 짓이라고 생각했던 것 같다. 사회적 분위기가 아무리 그러해도 병역을 마치지 않고 평생을 범법자처럼 지낼 수는 없다고 나는 늘 생각하고 있었다. 3학년을 마쳤을 때 드디어 용기를 내어 군 입대를 위해서 고향으로 내려갔다. 그런데 집으로 들어가니 바로 서울로 도로 가라고 했다. 외삼촌이 소위 '빽'을 써서 나의 군 병역은 이미 필한 것으로 되어 있다는 것이다. "봐라. 여기 제대증까지 있지 않느냐?" 하신다.

나는 고개를 갸우뚱하면서도 믿지 않을 수 없었다. 병역을 필했다는 제대증이 틀림없기 때문이었다. 좀 찜찜하긴 했지만 군에 가지 않아도 된다는 말만 믿고 도로 봇짐을 싸서 서울로 왔다. 겨울 방학이긴 하지만 서울에서 하던 아르바이트가 있었기 때문이다.

그렇게 병역을 필하고 졸업 후 나는 고등학교의 교사로 취직했다. 2월에 졸업하고 3월에 취직한 셈이다. 바로 그 해 오월에 박정희 장군이 주도하는 군사 쿠데타가 일어났다. 교장 선생님은 연일 군인이 주도하는 교장회의에 다녀와서는 겁을 잔뜩 먹은 표정으로 혁명정부가 쏟아내는 포고문을 전달했다. 교장 선생님은 예순 살을 조금 넘긴 분이었는데, 삼십대 초반의 군인이 주도하는 교장회의에서 엄중한 질책성 지시를 받았던 모양이다. 그 회의에서 자세가 나쁘다고 교장 선생 한 분이 젊은 군인 교육감으로부터 심한 질책을 받았다고 한다. 교장 선생은 소학교 학생이 선생님에게 엄하게 야단을 맞은 표정으로 우리에게 그 지시를 전달하였다.

그런 가운데 어느 날 신문에 이런 기사가 났다. 거리를 지나다가 불심검문을 당한 청년이 있었는데, 경찰서에까지 연행되어 가서 조사를 받아 보니, 병역 기피자였다는 것이다. 즉심에 붙여져 병역기피죄로 1년 2개월 징역형을 선고받았다는 내용이었다. 그러니까 거리에 나갔다가 잘못 걸려 병역 기피에 해당되면 징역형을 받을 수 있다는 말이다. 그게 사실인지 잘 모르지만 재수 없이 걸리면 징역형을 받을 수 있다는 말이다. 끔찍한 일이 아닐 수 없다.

당시 내가 근무하던 학교는 왕십리 근처에 있었는데 3층 교실에서 수업을 하다가 가끔 운동장을 보면 정문으로 들어오는 사람이 보였다. 어느 날, 순경 한 사람이 운동장을 가로질러 교무실로 들어오는 것이 보였다. 이전에 한 번도 온 적이 없는 저 순경이 왜 우리 학교로 올까. 그 순간 온갖 생각이 머릿속을 스치며 지나갔다. 나의 병역기피를 신고한 사람이 있어 나를 잡으러 오는 것임에 틀림없다는 생각이 들었다. 어쨌든 잡혀 가면 1년 2개월의 징역형을 받을 수도 있다는 생각이 떠올랐다. 나는 급한 일이 있다고 학생들에게 말하고 변소에 들어가 숨었다. 한참 뒤에 교무실로 돌아와서 그 순경이 왜 왔었냐고 동료 교사에게 물어 보았더니, 소방점검을 위해서 왔다고 했다. 이런 식으로 평생을 보낸다고 생각하니 앞이 캄캄했다. 두말 말고 군 입대를 해야지, 하고 결심했다.

그때 마침 병역 자수 기간이 공표되었다. 이전의 병역기피는 전혀 문제 삼지 않는다는 것이다. 나는 바로 고향으로 내려가서 자수신고를 했다. 면 직원이 이상하다는 듯이 나를 바라

보았다. 그렇지만 나는 마음이 아주 개운했다. 이후 군에 입대할 생각으로 여기저기 알아보았더니, 지금은 지원자가 너무 많아서 몇 달 후에나 알아보라고 했다.

바로 그 무렵 공군 장교 후보생을 모집한다는 공고를 신문에서 보았다. 내게는 절호의 찬스라고 할 수 있다. 무슨 과목을 어떤 식으로 보는지도 모르기 때문에 운에 맡길 수밖에 없다고 생각했다. 큰 강당 같은 데서 시험을 보았는데 생각보다는 응시자가 많았다. 운 좋게 그 시험에 붙어서 후보생이 되었고, 4개월의 교육을 마치고 공군 소위로 임관되었다.

어쨌든 내 실력이라기보다 행운이 더 많이 따랐던 셈이다. 교육 특기를 받아서 사관학교 교관이 되는 것이 내 소망이었는데, 후보생들이 가장 싫어하는 17특기(전투요격기관제사)를 받아서 내가 별로 열심을 내지 않으니까 교관 요원으로부터 미움도 많이 샀다. 그러나 군 생활 동안 미군 장교들과 함께 근무하는 기간이 많아서, 영어회화가 다소 좋아졌던 모양이다. 후에 대학교수가 되었을 때 풀브라이트 스칼라십을 받아 미국의 워싱턴 대학교에서 4년간이나 수학할 수 있었던 것도 그 덕분이 아닌가 생각한다. 4년간 대학 봉급 그대로, 미국에서의 숙식비, 대학 등록비의 혜택을 받았으니, 다른 교수들은 부러워할 만하다. 그러나 내 전공인 국문학은 제쳐두고 영문학과 비교문학 공부만 했으니 어떤 점에서는 손해일 수도 있다. 그래도 17특기 덕분으로 미국을 공짜로 구경하고 돌아왔다고나 할까.

공군 장교 생활을 하고 난 뒤에 얻은 가장 큰 수확은 좋은 친구들을 만난 것이다. 지금까지 한 달에 한 번씩 점심을 먹으며 노후를 즐길 수 있다는 점이다. 때로는 함께 유람도 한다. 이 아니 즐거운 일인가.

광화문의 굿판

인쇄 2017년 8월 20일
발행 2017년 8월 25일

지은이 김상태
발행인 서정환
펴낸곳 수필과비평사
주소 서울시 종로구 삼일대로 32길 36(익선동 30-6 윤현신화타워 빌딩)305호
전화 (02) 3675-5633, (063)275-4000.0484
팩스 (063) 274-3131
이메일 essay321@hanmail.net
출판등록 제300-2013-133호
인쇄 · 제본 신아출판사

ISBN 979-11-5933-109-1 03810
값 13,000 원

「이 도서의 국립중앙도서관 출판예정도서목록(CIP)은 서지정보유통지원시스템 홈페이지(http://seoji.nl.go.kr)와 국가자료공동목록시스템(http://www.nl.go.kr/kolisnet)에서 이용하실 수 있습니다.(CIP제어번호: 2017020819)」

Printed in KOREA